이야기로 배우는 과학상식

5학년이 꼭 읽어야 할 25가지 과학 이야기

도서출판 학은미디어

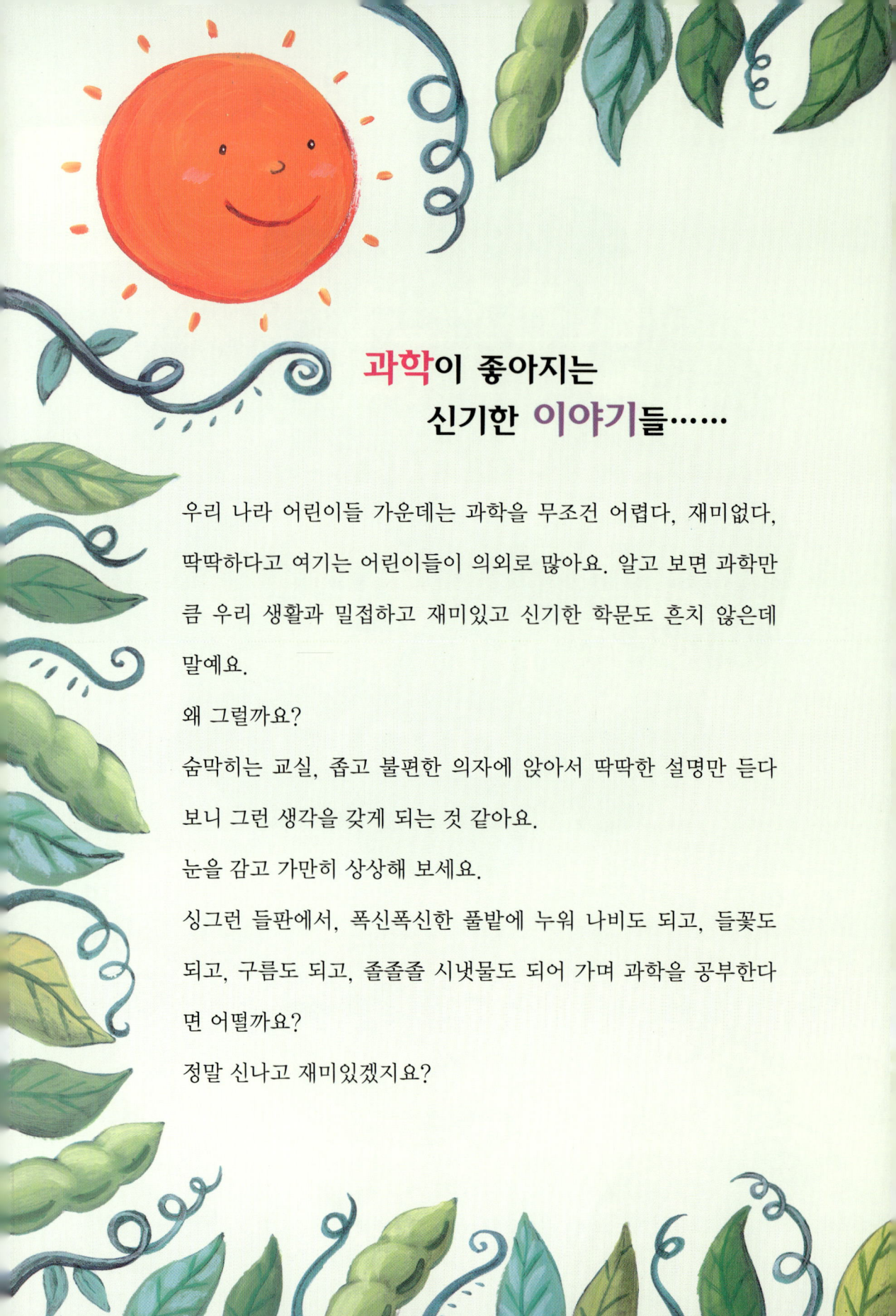

과학이 좋아지는 신기한 이야기들……

우리 나라 어린이들 가운데는 과학을 무조건 어렵다, 재미없다, 딱딱하다고 여기는 어린이들이 의외로 많아요. 알고 보면 과학만큼 우리 생활과 밀접하고 재미있고 신기한 학문도 흔치 않은데 말예요.

왜 그럴까요?

숨막히는 교실, 좁고 불편한 의자에 앉아서 딱딱한 설명만 듣다 보니 그런 생각을 갖게 되는 것 같아요.

눈을 감고 가만히 상상해 보세요.

싱그런 들판에서, 폭신폭신한 풀밭에 누워 나비도 되고, 들꽃도 되고, 구름도 되고, 졸졸졸 시냇물도 되어 가며 과학을 공부한다면 어떨까요?

정말 신나고 재미있겠지요?

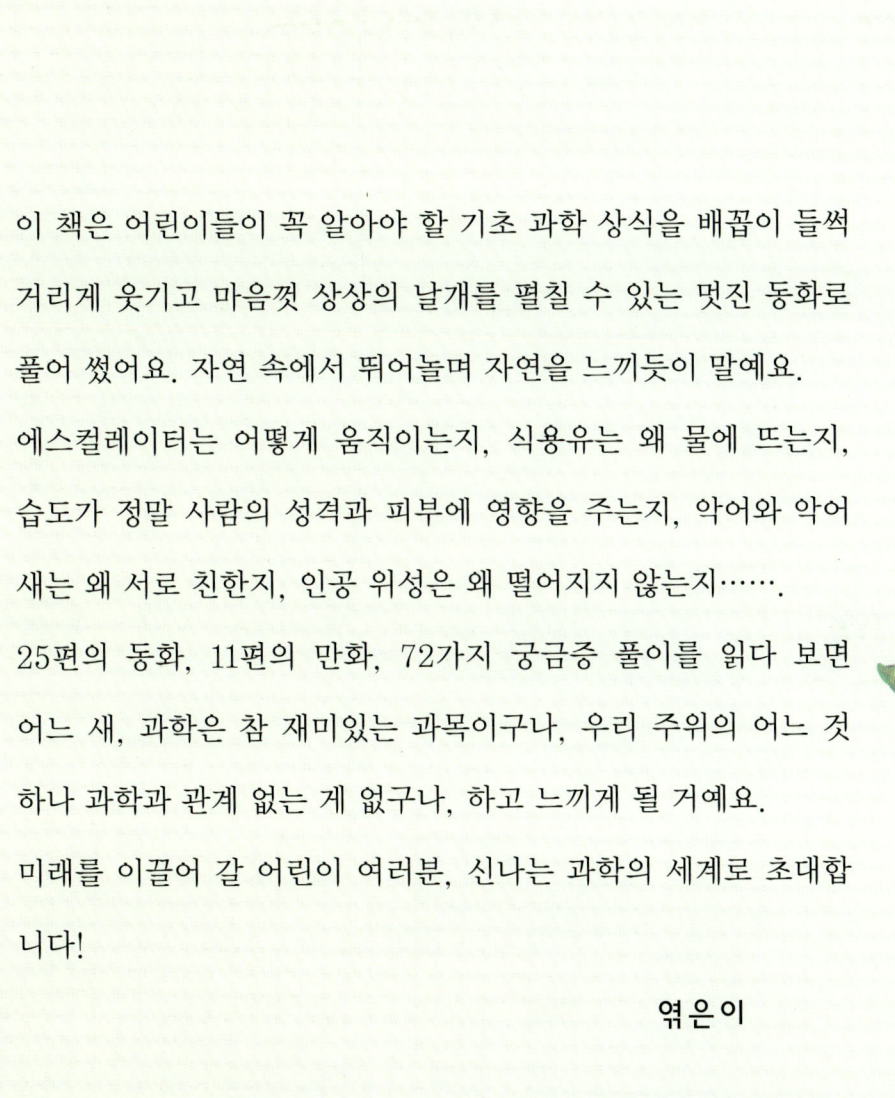

이 책은 어린이들이 꼭 알아야 할 기초 과학 상식을 배꼽이 들썩거리게 웃기고 마음껏 상상의 날개를 펼칠 수 있는 멋진 동화로 풀어 썼어요. 자연 속에서 뛰어놀며 자연을 느끼듯이 말예요.

에스컬레이터는 어떻게 움직이는지, 식용유는 왜 물에 뜨는지, 습도가 정말 사람의 성격과 피부에 영향을 주는지, 악어와 악어새는 왜 서로 친한지, 인공 위성은 왜 떨어지지 않는지…….

25편의 동화, 11편의 만화, 72가지 궁금증 풀이를 읽다 보면 어느 새, 과학은 참 재미있는 과목이구나, 우리 주위의 어느 것 하나 과학과 관계 없는 게 없구나, 하고 느끼게 될 거예요.

미래를 이끌어 갈 어린이 여러분, 신나는 과학의 세계로 초대합니다!

엮은이

차 례

에너지
석탄을 유산으로 받은 아들 / 8
겸손을 배운 엘리베이터 / 16
우박에 깔린 개미 / 26

용해와 용액
참 좋은 이웃 / 34
까마귀 가슴에 뜬 별사탕 / 44
팽이와 짱아의 요술 / 54

날씨와 생활
사막에 내리는 비 / 64
얼음의 비밀 / 74
개굴개굴 일기 예보 / 82

식물의 구조와 기능
봉숭아꽃 마을의 축젯날 / 94
덕보의 보리밭 매기 / 104
햇빛 찾아 떠난 콩나물 / 114

환경과 생물	욕심 많은 흰토끼 / 124
	내 친구 악어새 / 134
	불타는 중금속 / 146
	생선 도둑을 잡아라! / 154
용액의 성질과 반응	토순이의 꾀병 / 166
	소중한 친구 / 180
물체의 위치와 운동	괘씸한 돌 / 190
	돌들의 달리기 경주 / 198
	가난한 천문학자와 딸 / 208
태양의 가족	쓰레기를 버리지 맙시다! / 222
	암흑의 포식가 / 230
	몽순이에게 친구가 생겼어요 / 240
	놀라운 이야기 / 248

궁금증 해결

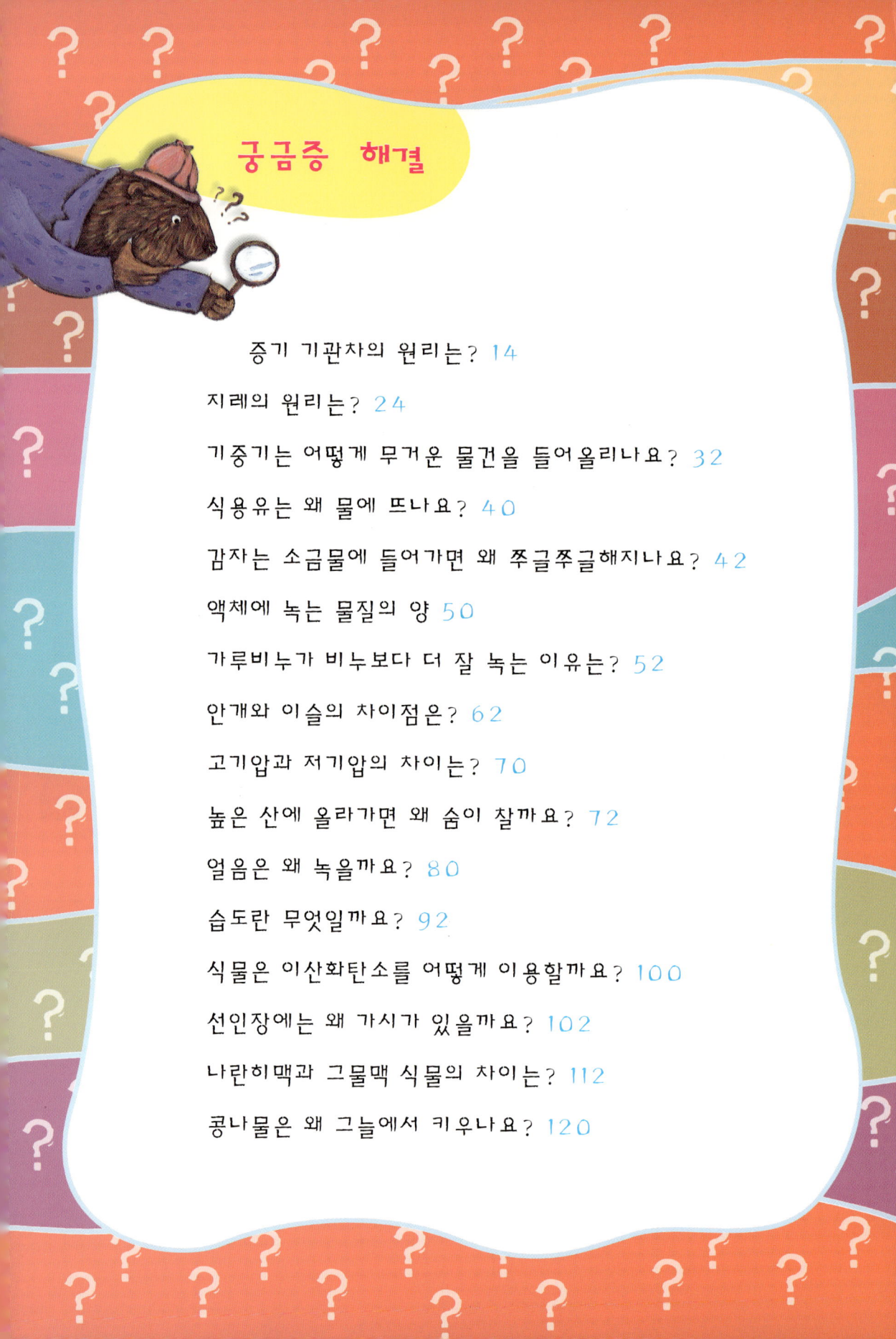

증기 기관차의 원리는? 14
지레의 원리는? 24
기중기는 어떻게 무거운 물건을 들어올리나요? 32
식용유는 왜 물에 뜨나요? 40
감자는 소금물에 들어가면 왜 쭈글쭈글해지나요? 42
액체에 녹는 물질의 양 50
가루비누가 비누보다 더 잘 녹는 이유는? 52
안개와 이슬의 차이점은? 62
고기압과 저기압의 차이는? 70
높은 산에 올라가면 왜 숨이 찰까요? 72
얼음은 왜 녹을까요? 80
습도란 무엇일까요? 92
식물은 이산화탄소를 어떻게 이용할까요? 100
선인장에는 왜 가시가 있을까요? 102
나란히맥과 그물맥 식물의 차이는? 112
콩나물은 왜 그늘에서 키우나요? 120

놀라운 상식백과

석탄은 어떻게 만들어졌을까요? 15
미래의 대체 에너지, 수소 15
지레를 이용한 생활용품 25
에스컬레이터는 어떻게 움직일까요? 25
케이블카에도 도르래가! 33
두 가지 도르래를 한꺼번에 사용하면? 33
비누로 손을 닦으면 왜 기름때까지 모두 닦일까요? 41
우리 몸에도 기름이 있다고요? 41
기체도 물에 녹을까요? 51
우리 몸에 정말로 소금이 녹아 있을까요? 51
아이스크림에서 연기가? 63
모양이 바뀌는 구름 63
별이 많으면 날씨가 맑다? 71
하늘은 왜 파랗게 보일까요? 71
거꾸로 어는 얼음 81
석빙고의 비밀 81
습도가 피부와 성격을 좌우할까요? 93
불쾌지수는 무엇으로 결정될까요? 93
삼림욕이란? 101
세상에서 가장 큰 숲 101
선인장의 잎 113
세상에서 가장 큰 풀 113
햇빛을 받아도 광합성을 하지 않는 식물 121
나무를 옮겨 심을 때 가지를 자르는 이유는? 121

❖ 힘과 연모

석탄을 유산으로 받은 아들

부자인 아버지만 믿고 게으르고 방탕하게 살던 아들이 아버지가 돌아가시고 나서 받은 유산이라고는 석탄이 펑펑 쏟아지는 광산뿐이었습니다.

"체! 그 많던 재산으로 아깝게 사회 사업을 하고 나한테는 시커먼 흙덩이만 주다니, 정말 너무하군."

아들은 며칠 동안 불평을 하며 투덜댔습니다.

그러다가 한 가지 묘안을 생각해 냈습니다.

"옳지! 내가 왜 진작 이 생각을 못 했지?"

아들은 바로 다음 날 하인들을 시켜 온 시내에 방을 붙이게 했습니다.

"**석탄으로 돈 버는 방법을 아는 사람을 찾습니다.**"

이 방을 본 사람들은 고개를 갸우뚱거렸습니다.

"도대체 그 시커먼 흙으로 어떻게 돈을 벌 수 있을까?"

몇 날 며칠이 지나도 방법을 가지고 아들을 찾아오는 사람은 없었습니다.

그저 일이 있으면 무엇이든지 시켜만 달라는 가난뱅이들만 귀찮게 찾아올 뿐이었습니다.

그러던 어느 날이었습니다.

"주인장 계시오-오!"

욕심이 많아 보이는, 아랫배가 불룩한 초라한 신사가 대문을 두드렸습니다.

"무슨 일이오?"

하인이 고개를 빠끔히 내밀고 묻자, 신사는 턱수염을 쓰다듬으며 말했습니다.

"석탄으로 돈 버는 방법을 아는 사람을 찾는다고 해서 이렇게 왔소만."

하인은 부리나케 달려가 아들에게 아뢰었습니다.

아들은 직접 아래층으로 내려가 신사를 맞이했습니다.

"어서 오시오. 자, 차 한 잔 들면서 차근차근 이야기해 봅시다."

아들은 속으로는 흥분이 되어 마음이 급하면서도 겉으로는 침착한 척했습니다.

"에헴, 난 우리 부친이 사회 복지에 힘쓰셨던 만큼 나도 에-, 큰돈을 벌어 사회를 위해서 뭔가 가슴 뿌듯한 일을 해 볼까 하고 이렇게 방을 붙였습니다만, 돈을 버는 방법이란 게 어떤 것인지……."
"어떤 방법인지 말하기 전에 이익 분배는 어떻게 하실 건지요?"
"이익 분배?"
"제 생각에는 원료만 제공하는 쪽이니 7 대 3이 어떨까 하는데요."
"하지만 원료가 없으면 일을 시작하지 못하는데……."
"원료가 아무리 많다 한들 그것을 이용할 기술이나 지식이 없으면 무용지물이잖소. 그러니 7 대 3으로 하는 것이 옳다고 생각하오."
초라한 신사는 의외로 배짱이 두둑했습니다.
"싫으면 관두시오!"
신사는 자리를 박차고 일어났습니다.
아들은 신사를 붙잡았습니다.
"당신 뜻대로 하리다. 그러니 그 돈 버는 방법이란 것을 좀……."
"물을 끓이면 수증기가 되죠. 수증기는 외부와 압력이 같아질 때까지 퍼져 나가려 하며, 그것에 장애가 되는 물질들을 밀어 내는 성질이 있습니다. 이 수증기의 힘을 이용해서 일을 하는 기계 장치를 만드는 것입니다."
신사는 하인에게 주전자에 물을 떠 오라고 시켰습니다.
"말로 하는 것보다 직접 실험으로 보여 드리지요."
그러더니 난로 위에서 물을 펄펄 끓였습니다.
"보다시피 물이 펄펄 끓으면 여기에서 생기는 수증기의 힘으로 주전자 뚜껑이 움직이게 되어 있습니다. 바로 이 주전자 뚜껑이 움직이는 원리를 이용하는 겁니다. 뚜껑 대신에 피스톤이라는 것을 사용하면 달리는 기차를 만들 수 있습니다."
아들은 반신반의하면서 귀를 쫑긋 세우고 들었습니다.
"기차는 주전자 뚜껑보다 무거우니까 더 많은 양의 수증기가 필요하고, 그것을 만들어 내기 위해서는 많은 연료가 필요하겠죠?"
"아하, 그럼 석탄을 때서 달리는 기차를 만들자는 얘기로군요."
"증기가 가지는 열 에너지를 기계적으로 변환시키는 원동기를 차량에 응용해서 만든 것이니까 증기 기관차라고 할 수 있죠. 구조가 간단하고 고장이 적으며 다루기가 쉬운데다가, 한 번 달릴 때 많은 사람을 태울 수 있으니까 그 사람들 차비만 해도 엄청난 돈이지요."

아들은 신사의 논리적인 설명에 기가 죽어 그가 하자는 대로 계약을 했습니다.

정말로 기차는 잘 달렸고 아들은 돈을 버는 듯했습니다.

하지만 신사가 7할을 가져가게 되자 자신에게는 3할밖에 오지 않아 많은 돈이 벌리는 것은 아니었습니다. 아들은 이러지도 저러지도 못하고 끙끙 앓고만 있었습니다.

신사에게 반론을 제기할 만한 지식도 없었거니와, 계약서에 이미 사인을 해 버렸기 때문에 계약 기간이 지나기 전까지는 어쩔 수도 없었습니다.

그러던 어느 날 아들의 가슴을 철렁하게 하는 일이 생겼습니다.

"이제는 석탄이 아닌 다른 에너지로 열을 만들어 증기 기관차를 달릴 수 있게 되었소. 저 석탄은 당신이 알아서 하시오."

신사는 일방적인 통보만 남기고 홀연히 떠나 버렸습니다.

재산을 물려받을 생각만 하고 노력이라고는 조금도 하지 않았던 아들은 이용만 당하고 말았습니다.

석탄도 서서히 바닥을 드러내고 있었습니다.

궁금증 해결

증기 기관차의 원리는?

　증기 기관에 사용되는 수증기는 우리가 알고 있는 것보다 훨씬 큰 힘을 가지고 있습니다. 주변에서 쉽게 확인할 수 있는 예로는 물이 끓을 때 주전자 뚜껑이 들썩거리는 경우를 들 수 있습니다.

　이런 수증기의 힘으로 움직이는 차가 증기 기관차입니다. 석탄을 태워 끓인 물에서 발생한 수증기가 실린더로 들어가 실린더 내의 피스톤 양쪽에 힘을 가하게 되면 피스톤은 왕복 운동을 하게 됩니다. 이 운동은 곧 바퀴에 연결된 크랭크에 힘을 주게 되고 크랭크가 뱅글뱅글 돌면서 바퀴를 구르게 합니다. 후진을 할 때는 운전실에서 핸들을 조작하여 크랭크가 움직이는 방향을 뒤로 바꿔 주면 됩니다.

　하지만 증기 기관차는 디젤 기관차나 전기 기관차에 비해 연료가 많이 들고, 물과 석탄을 계속 바꾸어 주어야 했습니다. 또한 매연이 많이 생겨서 증기 기관차를 타고 나면 온몸에 까만 그을음이 묻어나기도 했습니다. 이런 이유로 19세기 중반부터는 많은 나라들이 증기 기관차를 없애고 디젤 기관차, 전기 기관차를 사용하게 되었습니다.

놀라운 상식 백과

석탄은 어떻게 만들어졌을까요?

거대한 나무나 식물이 죽어서 쓰러지고 오랜 세월이 흐르면 그 위에 흙과 모래가 계속해서 쌓이게 됩니다. 이렇게 흙과 모래로 뒤덮여 있는 식물들은 공기와 만날 수 없기 때문에 잘 썩지도 않습니다. 대신 강이나 바닷물의 압력을 계속 받게 되고, 오래 전부터 쌓인 흙에서 나오는 뜨거운 열기도 받게 됩니다. 몇천 년 동안이나 이런 압력과 열기를 받은 식물에서는 탄화 작용이 일어나게 되고, 탄화 작용이 이루어진 식물들은 석탄이 되는 것입니다.

미래의 대체 에너지, 수소

지금 지구에서 가장 많이 사용하는 에너지원은 석유입니다. 하지만 석유는 에너지를 얻기 위해 태울 때 이산화탄소를 발생시켜 공기를 오염시킵니다. 또한 현재의 매장량은 1조 75배럴로 약 43년 후면 바닥날 위기에 놓여 있습니다. 이런 이유로 과학자들은 대체 에너지를 개발하기 위해 많은 노력을 하고 있습니다. 대체 에너지로는 원자력 에너지나 태양 에너지, 바람 에너지, 파도나 땅의 열에 의한 에너지 등에 대한 연구가 진행되고 있는데 무엇보다도 주목받고 있는 대체 에너지는 수소입니다. 수소는 에너지를 얻는 과정에서 공기를 전혀 오염시키지 않기 때문입니다.

❖ 힘과 연모

겸손을 배운 엘리베이터

"시청자 여러분, 안녕하십니까? 여기는 '기계 나라 힘 겨루기 대회'가 열리고 있는 대운동장입니다. 올해도 많은 기계들이 이 대회에 참가하였습니다. 재작년 우승 기계인 에스컬레이터 선수, 작년 우승 기계인 엘리베이터 선수는 올해도 역시 대회에 참가하였군요. 두 선수의 승부가 정말 기대됩니다."

"보나마나 뻔한 거지. 올해도 우승은 내 거라고."

흥분된 사회자의 말을 듣고 엘리베이터는 코웃음을 쳤습니다. 그도 그럴 것이 엘리베이터는 작년보다 훨씬 덩치도 커지고, 힘도 세어진 것처럼 보였습니다.

"자, 드디어 대회가 시작되었습니다. 엘리베이터 선수, 사람 열 명을 거뜬히 태우고 있군요. 에스컬레이터 선수도 만만치 않습니다. 이제 스무 명, 서른 명. 네, 에스컬레이터가 먼저 동작을 멈췄군요. 너무 많은 사람을 태웠던 것 같습니다. 정말 안타깝습니다."

"푸하하하. 올해도 내가 이겼다!"
엘리베이터는 강철줄을 하늘 높이 쳐들면서 웃었습니다.
그 이후로 엘리베이터의 목에는 더욱 힘이 들어갔습니다.
"에헴, 난 일등이니까 아무도 건드리지 못하겠지?"
엘리베이터는 힘 없는 기계들을 못살게 굴기도 했습니다. 다리미나 컴퓨터처럼 덩치도 작고 힘도 약한 기계들은 언제나 벌벌 떨어야 했습니다. 이사라도 할 때면 이 기계들의 얼굴은 항상 파랗게 질려 있었습니다.
"야, 다리미. 내 바닥에 떨어져 있는 휴지 좀 주워라."
그 날도 엘리베이터는 작은 기계들을 괴롭혔습니다.
"난 엉덩이가 너무 무거워서 잘 못 움직이는데요."
"뭐야! 그래서 못 하겠다고?"
엘리베이터의 큰 소리에 다리미의 얼굴은 백지장처럼 하애졌습니다.
"아니에요. 할게요."
다리미는 엉금엉금 기어서 휴지를 주워야 했습니다. 평소

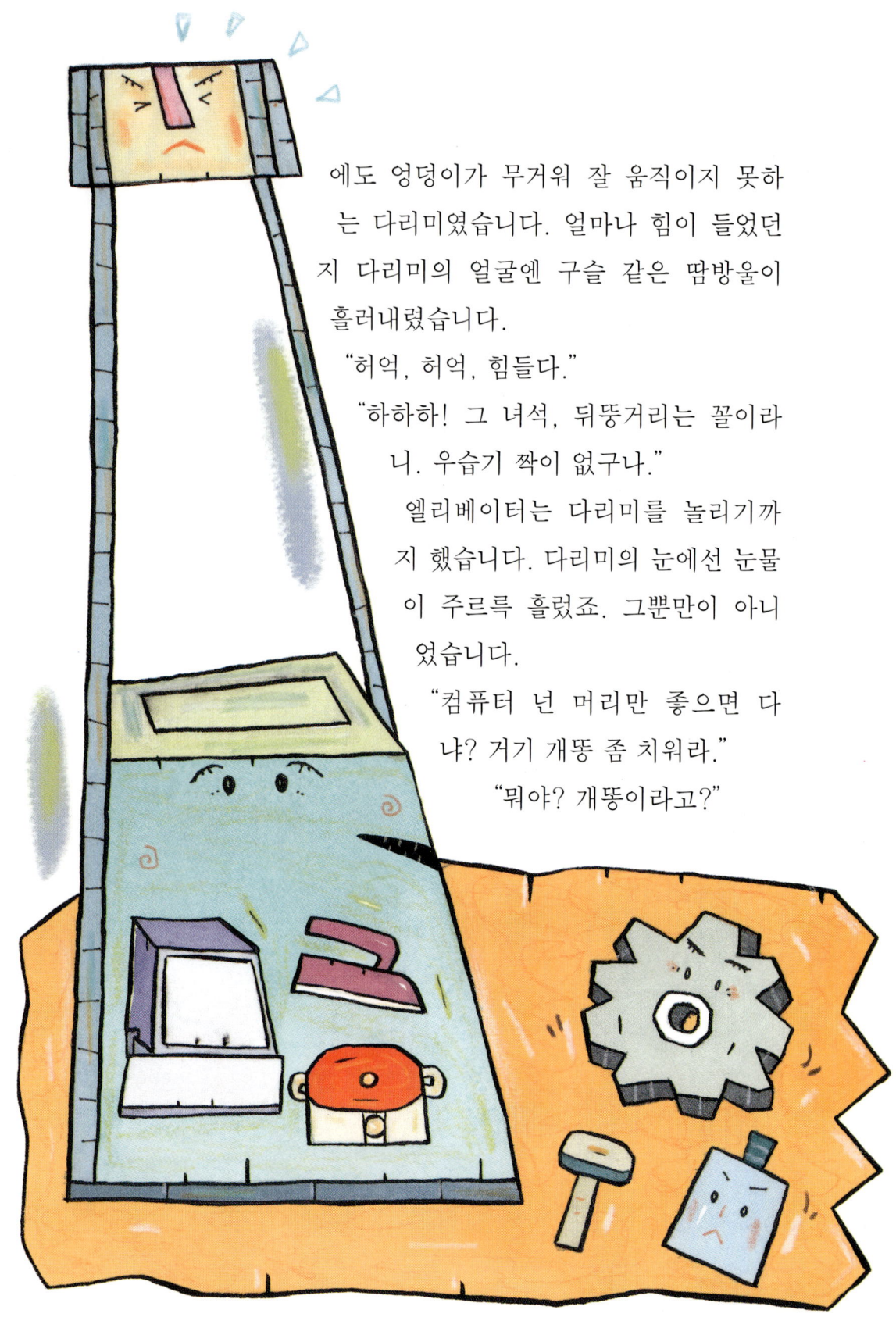

에도 엉덩이가 무거워 잘 움직이지 못하는 다리미였습니다. 얼마나 힘이 들었던지 다리미의 얼굴엔 구슬 같은 땀방울이 흘러내렸습니다.
"허억, 허억, 힘들다."
"하하하! 그 녀석, 뒤뚱거리는 꼴이라니. 우습기 짝이 없구나."
엘리베이터는 다리미를 놀리기까지 했습니다. 다리미의 눈에선 눈물이 주르륵 흘렀죠. 그뿐만이 아니었습니다.
"컴퓨터 넌 머리만 좋으면 다냐? 거기 개똥 좀 치워라."
"뭐야? 개똥이라고?"

"그래, 개똥. 아까 조그만 개 한 마리가 타더니 똥을 싸 놓았지 뭐야. 내 귀한 손으로 그 더러운 걸 치울 수 없으니 네가 대신 좀 치우라고."

컴퓨터는 자존심이 상해서 입술을 깨물었어요.

"싫어, 못 해."

그러자 엘리베이터는 몸을 좌우로 흔들어 대기 시작했습니다. 컴퓨터는 겁에 질려 소리쳤죠.

"으악! 그만 해. 그만 하라고!"

"이래도 안 치울래? 안 치울 거냐고?"

"치울게. 치우면 되잖아."

컴퓨터도 눈물을 흘리면서 엘리베이터 바닥의 개똥을 치워야 했습니다.

사실 엘리베이터도 무거운 짐을 옮겨야 할 땐 힘이 들었습니다. 하지만 내색할 수가 없었습니다. 힘이 센 척이라도 해야 모든 기계들이 자기에게 굽신거린다는 것을 잘 알고 있었기 때문입니다. 이렇게 힘 자랑을 하며 매일 이삿짐을 옮기던 어느 날이었습니다.

"영차영차, 끄응끄응."

웬 아저씨들이 커다란 화분 하나를 엘리베이터 안으로 밀어넣었습니다. 그 순간 '출렁' 하며 엘리베이터의 몸이 흔들리는 것을 느꼈습니다. 화분이 너무 무거웠던 것입니다.

"야, 넌 뭘 먹었길래 이렇게 무겁냐?"
화분은 엘리베이터를 쳐다봤습니다.
"넌 기계 나라에서 제일 힘이 세다던데 겨우 요것밖에 안 되냐?"
"뭐야? 겨우 요거라니?"
"그렇잖아. 난 네가 힘이 세다고 해서 믿고 탔는데 실망이다, 얘."

엘리베이터의 얼굴은 발갛게 달아올랐습니다. 하지만 이런 식으로 기계 나라 최고 힘 대장이 물러설 순 없는 노릇이었습니다.

"너 따위는 가뿐하게 들 수 있다고!"

큰소리쳤지만 사실 자신은 없었습니다. 낑낑거리면서 겨우 3층까지 올라갔습니다.

"애개개, 난 20층까지 올라가야 하는데, 너 어떡하려고 그러니?"

"아유, 정말 힘들다. 그런데 너 이렇게 뚱뚱해서 엘리베이터에서 어떻게 내리려고 그러니?"

화분은 나뭇잎으로 한 번 으쓱한 뒤 말했습니다.

"응, 사람들이 내려 줄 거야."

엘리베이터는 코웃음을 쳤습니다.

"피식! 이렇게 무거운데 사람들이 무슨 수로 널 내리냐?"

화분은 씨익 하고 웃은 뒤 말했습니다.

"너보다 더 힘센 도구가 있거든."

"뭐야? 그게 뭔데?"

"지렛대."

"지렛대? 그건 어떻게 생긴 녀석이냐?"

"아주 무시무시하게 생겼지. 너같이 비실비실한 기계하고는 비교도 안 된다고."

"뭐, 그게 정말이야?"

"그럼. 옛날에 아르키메데스란 사람은 '내게 큰 지렛대만 있다면 지구도 들 수 있다.'고 말했다더라."

엘리베이터는 너무 자존심이 상해서 아무 말도 하고 싶지 않았습니다. 그저 끙끙대면서 화분을 올릴 수밖에 없었죠.

분주했던 낮이 가고 깜깜한 밤이 왔습니다. 아파트에도 불이 하나씩 꺼져 가고 있었습니다.

'나보다 더 힘센 녀석이 있다고? 그러면 이제 기계 나라의 힘 대장 자리도 빼앗기겠구나. 아, 정말 참을 수 없는 일이야.'

그 날부터 엘리베이터는 밤마다 운동을 했습니다. 모두 지렛대라는 녀석을 이기기 위해서였습니다.

그렇게 며칠이 지났습니다. 엘리베이터는 더욱 힘이 세졌습니다. 이제 화분 녀석이 달려들어도, 지렛대란 녀석이 대결을 걸어 와도 자신이 있었습니다. 그런데 점점 이상한 생각이 들었습니다.

"그러고 보니 난 지렛대라는 녀석을 보지도 못했잖아. 그때 화분이 거짓말을 한 게 아닐까? 만일 그 녀석이 그렇게 힘이 세다면 나한테 한 번쯤 도전을 해야 하는 거 아냐?"

다시 며칠이 지났습니다. 엘리베이터는 계속 운동을 하며 힘을 키우고 있었습니다. 언제 지렛대 녀석이 대결을 요구할지 모르는 일이니까요.

"허허허, 이제 이사도 다 끝났구먼."

"그러게 말야. 그럼, 이 지렛대는 갖다 버려야겠네."

엘리베이터에 탄 이삿짐 센터 아저씨들의 말에 엘리베이터는 눈이 번쩍 뜨였습니다.
'지렛대라고? 드디어 네 녀석의 얼굴을 보는구나.'
그 때 아저씨가 계속 말을 했습니다.
"그래도 무거운 짐을 옮길 때는 꽤 요긴한데 말야."
아저씨가 손에 들고 있는 건 막대기와 돌멩이였습니다.
"요걸 요렇게 받치고 이 막대기 끝을 누르면 세상에 무거울 게 하나도 없으니…허허."
"이렇게 우습게 생긴 물건이 그렇게 힘이 센 걸 보면 참 신기하단 말야."
"맞아. 그러고 보면 우리 주변에도 지렛대의 원리로 만든 물건이 얼마나 많은가? 가위며 펜치, 병따개……. 만일 지렛대가 없었다면 사람들은 얼마나 불편했겠나?"
"그럼, 맞는 말이고말고."
엘리베이터는 온몸에 힘이 쭉 빠졌습니다. 그리고 그 동안 힘센 것만 자랑했던 자신이 너무 부끄러워졌습니다.
"저렇게 하찮은 놈이 날 이겼단 말야? 정말 난 힘 대장 자격이 없구나."
그 날부터 엘리베이터는 작은 기계들을 괴롭히는 나쁜 짓을 하지 않았습니다. 작고 힘센 지렛대에게서 겸손을 배웠던 것입니다.

궁금증 해결

지레의 원리는?

지레는 아주 오래된 연모 중의 하나입니다. 지레가 오래 전부터 사용되었다는 증거 중 하나는 이집트의 피라미드입니다. 피라미드는 무려 230만 개나 되는 돌을 쌓아 만든 것으로, 돌 한 개의 무게는 약 10t 안팎입니다. 고대 이집트 사람들은 이 돌을 운반하는 데 지레를 이용했습니다. 또한 둥근 통나무를 돌의 아래쪽에 늘어놓아 바퀴로 이용하기도 했습니다. 거대한 피라미드나 이집트의 벽화가 모두 이것을 입증하고 있습니다.

지레에는 빼놓지 말아야 할 세 가지 요소가 있습니다. 받침점, 힘점, 작용점이 바로 그것입니다. 기다란 막대기를 지렛대라고 하고, 이 지렛대를 받쳐 주는 돌이나 나무토막을 받침점이라고 합니다. 물체를 움직이기 위해 지렛대를 눌러 주는 한쪽 끝이 힘점이고, 물체를 올려놓는 다른 한쪽 끝을 작용점이라고 합니다.

지레를 효율적으로 사용하려면 받침점에서 힘점까지의 거리를 길게 해야 합니다. 예를 들어 받침점에서 힘점까지의 거리가 받침점에서 작용점까지의 거리보다 세 배가 길다면 손으로 물체를 드는 힘의 3분의 1의 힘으로 물체를 들어올릴 수 있습니다. 반대로 작용점에서 받침점까지의 거리가 받침점에서 힘점까지의 거리보다 두 배 더 길다면 그냥 물체를 들 때보다 두 배의 힘이 더 들게 됩니다.

놀라운 상식 백과

지레를 이용한 생활용품

우리 주변에는 지레의 원리를 이용한 생활용품이 많습니다. 가장 대표적인 것이 병따개지요. 병따개는 손잡이가 힘점, 병뚜껑의 우툴두툴한 이와 맞물리는 중간 부분이 작용점, 병따개를 받치고 있는 병의 끝부분이 받침점이 되어 지레의 역할을 하는 것입니다. 그 밖에도 펜치, 장도리, 손톱깎이도 지레의 원리를 이용한 것입니다. 시소도 지레의 원리를 이용한 놀이 기구입니다.

에스컬레이터는 어떻게 움직일까요?

에스컬레이터는 자동으로 움직이는 계단으로, 이것은 전기로 움직이는 벨트에 붙어 있습니다. 벨트는 고무밴드처럼 동그란 모양으로 되어 있어서 끝없이 돌아갈 수 있습니다. 에스컬레이터의 손잡이도 계단과 같이 띠 모양으로 되어 있고, 계단이 움직이는 것과 시간을 맞추어 돌아가게 되어 있습니다. 에스컬레이터는 꼭대기에 도착해서 다시 처음으로 돌아오는 동안은 평평하게 접힌 채 안쪽으로 움직입니다. 그러다가 다시 바깥쪽으로 나올 때면 계단 형태로 되는 것입니다. 오르는 에스컬레이터와 내리는 에스컬레이터는 따로 있지 않고, 벨트를 조절해 주면 손쉽게 방향을 바꿀 수 있습니다.

❖ 힘과 연모

우박에 깔린 개미

곤충들이 모여 사는 아름다운 숲 속이었습니다.
"랄라랄라~. 내 날씬한 허리와 긴 다리와 우아한 얼굴을 보라고. 얼마나 환상적인지!"
개미 한 마리가 엉덩이를 이리저리 씰룩거리며 숲길을 걸어가고 있었습니다.
"저, 개미 좀 봐. 하루라도 자기 자랑을 하지 않으면 입 안에 가시가 돋히는지, 이젠 지겨울 지경이야. 나처럼 날개가 화려한 호랑나비도 가만 있는데 말야."
호랑나비가 한 마디 하자 말벌도 끼여들었습니다.
"겸손이라고는 조금도 모르나 보지."
그러던 어느 날이었습니다.

날씨가 심상치 않음을 안 거미 아저씨는 서둘러 집으로 돌아가고 있었습니다.
"개미야, 날씨가 심상치 않아. 어서 집으로 돌아가렴."
거미 아저씨가 말했습니다.
"어머, 그게 무슨 말씀이세요? 하늘이 저렇게 맑은데요."
"그래도 곧 소나기가 올 것 같은데……."
개미는 거미 아저씨의 말에 코웃음을 치며 숲길을 걸었습니다. 곧 있을 미인 대회에 나가는 연습을 게을리 할 수 없기 때문입니다.
다른 곤충들이 서둘러 집으로 돌아가면서 한 마디씩 일러 주었지만 개미는 여전히 아랑곳하지 않았습니다.
"흥, 그까짓 비 때문에 나의 연습을 망칠 순 없다고요."
개미는 소리쳤습니다.
먹구름이 끼고 스산한 바람이 불어 올 때까지 개미는 아무런 눈치도 채지 못했습니다. 갑자기 비도 아닌 우박이 우두둑우두둑 소리를 내며 때리듯 땅에 퍼붓기 시작했을 때에야 비로소 개미는 소리쳤습니다.
"아이고! 빨리 집으로 돌아가야겠다. 그런데 너무 멀리 와 버렸군."
개미는 재빨리 발걸음을 옮겼습니다. 다른 곤충들은 모두 집으로 돌아간 뒤여서 숲 속에는 개미밖에 남아 있지 않았습

니다.

"흥! 모두들 나만 달랑 남겨 두고 피해 버렸군."

개미는 부지런히 집으로 향했습니다.

"으악! 이게 뭐……?"

개미는 비명을 다 지르지도 못한 채 커다란 우박 아래 그만 깔리고 말았습니다.

"아이고, 개미 살려! 개미 살려 달라고!"

하지만 숲 속의 곤충들은 우박을 피하느라 작은 개미의 비명 소리는 들을 겨를도 없었습니다.

"정말 굉장한 우박인걸!"

거미 아저씨, 호랑나비 아주머니, 집게벌레 아저씨, 풍뎅이 아주머니 등등 숲 속에 사는 곤충들이 모두 한자리에 모였습니다.

"얼른 무슨 대책이라도 세우지 않으면 개미가 우박에 깔려 죽게 생겼어요."

"우박을 들어 낼 곤충 장사를 찾아야 해."
"그게 누군데?"
"글쎄."

평소에 힘이 세다고 자랑하던 왕벌이 아무리 애를 써도 우박은 꿈쩍도 하지 않았습니다.

"이러다간 개미가 죽겠어."

곤충들이 어쩔 줄 몰라 하고 있을 때, 마침 일을 갔다 돌아오던 집게벌레가 궁금한 듯 다가왔습니다.

"무슨 일들이야?"
"글쎄, 개미가 우박에 깔려 버렸지 뭐니?"
"얼마나 큰 우박이길래……."

집게벌레도 생전 그렇게 큰 우박은 처음이었습니다.

"잠깐! 이런 무거운 것들을 들어 아래위 또는 수평 방향으로 옮겨 주는 기계가 있어. 바로 도

르래를 이용한 기계야."
"도르래라고? 그렇게 힘이 센 곤충도 있었나?"
"도르래는 곤충이 아니야. 홈이 팬 둥근 바퀴가 축을 중심으로 움직이고, 바퀴에는 홈이 패어 줄을 걸도록 되어 있는 기계 장치야. 국기 게양대는 고정시킨 도르래의 힘으로 움직이는 것이지. 움직 도르래라는 것도 있는데, 그것은 작은 힘으로도 무거운 물체를 들어올릴 수 있어."
"그럼 이야기는 그만 하고 어서 우박이나 들어올려 봐."
"알았어."
집게벌레가 가지고 온 것은 도르래가 달린 기계였습니다.
우박을 끈으로 동여매고 그 끈을 도르래로 만든 기중기의 끝고리에 걸고 기계를 돌리자 우박이 서서히 위로 들리기 시작했습니다.
"우와아, 우박이 움직인다!"
아무도 움직이지 못했던 우박이 집게벌레가 가지고 온 기중기에겐 꼼짝없이 들리고 말았습니다.
"개미야, 어서 나와!"
개미는 가까스로 우박에서 빠져 나왔습니다.
"모두들 정말 고마워. 집게벌레야, 너의 기계는 정말 대단하구나."
집게벌레가 머리를 긁적였습니다.

"그리고 앞으로는 좀 겸손한 개미가 되도록 할게."
개미의 얼굴과 몸은 온통 상처투성이였습니다.
"꿀로 몸 보신을 좀 하렴."
말벌이 꿀을 가져다 주었습니다.
"나는 매일 너를 간호해 줄게."
날개가 부드러운 노랑나비가 싱긋 웃었습니다.
"이 은혜는 잊지 않을게요."
개미는 겸손하게 인사를 했습니다.

궁금증 해결

기중기는 어떻게 무거운 물건을 들어올리나요?

기중기는 무거운 물건을 들어올려서 좌우, 앞뒤, 아래위로 자유롭게 운반하는 기계입니다. 기중기를 살펴보면 기다란 막대의 끝에 도르래를 매달아 무거운 물체도 쉽게 들어올릴 수 있습니다. 기중기에서 도르래는 물건을 쉽게 들어올리기 위해 매달려 있는 것이죠.

물건을 쉽게 들어올릴 수 있도록 만들어진 도르래에는 두 종류가 있습니다. 고정 도르래와 움직 도르래가 바로 그것입니다.

고정 도르래는 위쪽으로 올려야 할 물체를 아래쪽으로 당겨 위로 올릴 수 있도록 한 것입니다. 이 도르래는 힘의 방향을 바꾸어 손쉽게 일할 수 있도록 만든 것이죠. 하지만 고정 도르래는 힘의 방향만 바꾸어 줄 뿐 크기를 줄여 주지는 못합니다.

그래서 생각해 낸 것이 바로 움직 도르래입니다. 도르래를 고정시키지 않고 움직일 수 있도록 한 움직 도르래는 힘의 크기를 절반으로 줄여 작은 힘으로도 무거운 물건을 들 수 있게 합니다.

움직 도르래의 원리를 이용한 것이 바로 기중기입니다. 기중기의 기다란 막대의 끝에는 둥근 띠가 걸려 있고 이 띠의 가운데에 움직 도르래가 놓여 있습니다. 그리고 도르래의 아래쪽으로는 물건을 걸 수 있도록 갈고리가 걸려 있습니다.

놀라운 상식 백과

케이블카에도 도르래가!

산이나 관광지에 가면 흔히 볼 수 있는 케이블카. 이 케이블카를 움직이는 것도 바로 도르래랍니다. 길고 튼튼한 여러 겹의 쇠줄에 움직이는 도르래를 설치하고, 그 아래 큰 강철 박스를 달아서 아래위로 움직이게 한 것이죠. 막대 대신 줄을 이용한 기중기도 있어요. 강이나 산골짜기처럼 중간이 움푹 패어 큰 차를 세워 둘 곳이 없을 때 사용하는 것인데 양쪽 끝에 줄을 튼튼하게 묶고 움직이는 도르래를 달아서 잡아당기면 이 쪽에서 저 쪽으로 물건을 쉽게 운반할 수 있답니다.

두 가지 도르래를 한꺼번에 사용하면?

고정 도르래와 움직 도르래를 함께 사용할 수 있습니다. 고정시킨 도르래를 스탠드에 걸어 놓고 끈의 한쪽 끝을 스탠드에 단단히 묶습니다. 그리고는 끈을 늘어뜨려 움직 도르래를 겁니다. 그러면 힘의 방향이 위쪽을 향하겠지요. 위로 향한 끈을 이번에는 고정시킨 도르래에 걸어서 아래쪽으로 늘어뜨립니다. 물체는 움직 도르래에 겁니다. 이제 아래쪽으로 내려와 있는 끈을 당깁니다. 이렇게 두 가지를 한꺼번에 사용하는 것을 복합 도르래라 합니다. 복합 도르래는 힘의 크기도 반으로 줄이고 힘의 방향도 바꾸어 줄 수 있어서 훨씬 편리합니다.

❖ 용해와 용액

참 좋은 이웃

숲 속에 욕심 많은 사마귀 아주머니가 살고 있었습니다.

"흥, 남을 주느니 차라리 썩도록 내버려 뒀다가 내다 버리고 말지."

이것이 이 욕심쟁이 사마귀 아주머니의 생활 신조였습니다.

얼마 전에 공짜로 생긴 장화도 그냥 두기가 아까워 신고 다니기 시작했습니다.

"아이고, 한여름에 덥지도 않수?"

보다못한 거미 아주머니가 참견을 하자,

"어머머, 부러우면 부럽다고 하실 것이지 남의 장화를 왜 비꼬고 그러세요? 참 성격도 이상하시네."

하면서 더 폼을 내며 걸어가는 것이었습니다.

숲으로 걸어 들어가던 사마귀 아주머니는 때마침 이웃에 인사를 다니던 다람쥐를 만났습니다.

"어머, 사마귀 아주머니로군요. 안녕하세요! 전 며칠 전 이 숲으로 이사를 온 다람쥐라고 해요."

"그게 나랑 무슨 상관이죠?"

"아니 그게 무슨……?"

다람쥐가 당황해서 물었습니다.

사마귀 아주머니는 퉁명스러운 얼굴로 다람쥐를 아래위로

훑어보았습니다.

'아이고, 꼭 도토리같이 생겨 가지고.'

다람쥐는 얼굴을 붉히며 가던 길을 재촉했습니다.

"안녕히 가세요. 저는 숲 속의 이웃들에게 인사하러 가야 하거든요."

사마귀는 고개를 까딱했습니다.

다음 날, 사마귀 아주머니의 좋지 않은 소문을 듣지 못한 다람쥐가 사마귀 아주머니가 사는 집을 찾아왔습니다.

"사마귀 아주머니, 혹시 집에 식용유 있으시면 좀 빌려 주시겠어요?"

"뭐, 뭐라고요? 식용유라고요?"

"네에. 튀김을 해서 손님께 대접하려고 하는데 식용유가 모자라서요."

사마귀 아주머니는 부엌에 빤히 보이는 식용유가 없다고 거짓말을 할 수도 없었습니다.

'그렇다고 아까운 식용유를 그냥 빌려 줄 수도 없고……'

사마귀 아주머니의 심술이 발동했습니다.

아주머니는 기름이 있는 병 속에다 물을 부었습니다.

'호호호, 물과 기름을 섞어 놓았으니 감쪽같이 식용유인 줄 알겠지? 나중에 돌려 줄 때 이 병만큼 식용유를 담아 올 거

야.'

사마귀 아주머니는 식용유와 물이 골고루 섞이도록 병을 여러 번 흔들었습니다.

"아유, 이렇게 많이 주세요?"

"모자라서 또 오시게 되면 힘들잖아요. 차라리 남는 게 낫죠. 안 그래요? 호호호! 맛있게 튀겨 드세요."

사마귀 아주머니는 평소와는 달리 상냥하게 다람쥐를 배웅했습니다.

다음 날이었습니다.

"사마귀 아주머니, 식용유 가져왔어요."

사마귀 아주머니는 한 병 가득한 식용유를 돌려받을 생각에 부풀어 문을 열었습니다.

"정말 잘 썼습니다."

다람쥐가 내민 식용유 병에는 반은 물이 담겨 있고, 반은 식용유가 담겨 있었습니다.

"사마귀 아주머니께서 빌려 준 식용유 그대로, 반은 물로 반은 식용유로 채워서 가지고 왔습니다."

"난 잘 섞이라고 일부러 흔들어서 줬는데 어떻게 알았지요?"

"물과 기름은 안 섞이거든요. 그걸 모르셨어요?"

다람쥐는 빙그레 웃으며 새 식용유 한 통을 내밀었습니다.
"아주머니, 욕심 때문에 이웃을 잃어버려서야 되겠어요? 우리 앞으로 사이좋게 지내요."
사마귀 아주머니는 처음으로 부끄러움을 느꼈습니다.
얼마 후, 사마귀 아주머니가 새끼를 낳게 되었습니다. 하지만 숲 속에 사는 이웃들 중 누구도 도와 주러 오지 않았습니다. 욕심 많은 사마귀 아주머니를 괘씸하게 생각한 이웃들이 외면을 한 것이었습니다.
'나도 이젠 욕심부리지 않고 살려고 했는데…아이고오 힘들어. 누가 좀 도와 줬으면…….'
그 때였습니다.
멀리서 다람쥐가 짧은 다리로 날쌔게 달려왔습니다.
"사마귀 아주머니! 제가 도와 드릴게요."
사마귀 아주머니는 너무너무 반가워 눈물이 다 나올 지경이었습니다. 다람쥐의 도움으로 사마귀 아주머니는 무사히 알을 낳을 수 있었습니다.

궁금증 해결

식용유는 왜 물 위에 뜨나요?

식용유 외에도 기름 성분이 있는 액체는 모두 물 위에 뜹니다. 참기름이나 촛농, 휘발유 등이 바로 그것입니다.

그 이유는 식용유가 물보다 비중이 작기 때문입니다. 비중이란 같은 부피를 가진 두 물질의 질량의 비를 이르는 것이죠. 예를 들면 같은 부피를 가지고 있더라도 솜과 강철의 질량은 다릅니다. 이럴 때 솜 질량과 강철 질량의 비가 바로 비중이 되는 것이죠. 만일 이런 경우라면 분명히 솜의 비중이 더 작아집니다. 솜의 질량이 훨씬 작을 것이기 때문입니다.

하지만 모든 경우에 이렇게 두 물질의 질량을 재고, 비교해서 비중을 구하는 것은 아닙니다. 더욱 편리하게 하기 위해 표준 비중이라는 것을 정해 놓았죠. 4℃의 온도, 표준 대기압에서의 물이 표준 비중이 되며 이 물보다 더 가벼울 때는 비중이 작은 물질이라고 하고 더 무거울 때는 비중이 큰 물질이라고 합니다.

식용유는 물보다 비중이 작은 물질입니다. 그렇기 때문에 물과 섞이지 않고 물 위에 둥둥 뜨는 것이죠.

놀라운 상식 백과

비누로 손을 닦으면 왜 기름때까지 모두 닦일까요?

비누의 분자는 친수성과 친유성을 모두 가지고 있습니다. 친수성이란 물과 친하려고 하는 성질을 말하고, 친유성이란 기름과 친하려고 하는 성질을 말합니다.

친수성과 친유성을 모두 가지고 있는 비누의 분자가 때에 묻으면 친유성을 가지고 있는 쪽이 때에 달라붙게 됩니다. 하지만 친수성을 가지고 있는 쪽은 물과 가까이 있으려고 애를 쓰죠.

한 분자에서 두 성질이 이렇게 옥신각신하는 사이에 때는 어느 새 떨어져 나가는 것입니다.

우리 몸에도 기름이 있다고요?

우리 피부의 안쪽에는 기름을 내는 '피지선'이 있습니다. 이 곳에서 '피지'라고 하는 지방 성분이 만들어집니다.

피지는 털의 뿌리를 싸고 있으며 우리의 피부를 매끄럽게 합니다. 하지만 호르몬 분비가 왕성한 사춘기가 되면 이 피지 때문에 여드름이 생기게 되지요. 그렇다고 피지가 여드름이 되는 것은 아닙니다. 왕성한 호르몬 분비와 함께 피지도 많이 나와서 피지선이나 털뿌리를 틀어막아 생기는 것이 여드름입니다.

감자는 소금물에 들어가면 왜 쭈글쭈글해지나요?

　아주 더운 여름날, 감순이와 감돌이가 동해에 해수욕을 하러 갔어요.
　머리에 리본을 단 감순이는 모래밭을 굴러서 바다로 향했어요. 구릿빛 피부에 단단한 근육이 되면 사람들에게 사랑받는 감자가 될 거라며 감순이는 뿌듯한 표정을 지었어요.
　"기다려. 바닷물에는 소금이 들어 있어. 소금물은 농도가 높기 때문에 농도가 낮은 감자 속으로 스며들어서 네 몸을 절여 놓는단 말이야."
　감돌이가 감순이를 말렸지만 소용이 없었어요. 바닷물에 들어간 감순이가 소리쳤어요.
　"감돌아, 너도 들어와. 몸이 둥둥 뜬다."
　"그거야 당연하지. 바닷물은 소금이 많이 들어 있기 때문에 비중이 큰 용액이고, 우리 감자의 비중보다 소금물의 비중이 크니까 우리가 바닷물에서 뜨는 거지."
　감돌이가 걱정스럽게 말했어요.
　감돌이가 말렸지만 감순이는 한참 동안 바닷물 속에서 물장구를 쳤어요. 몇 시간 후 흐뭇한 표정으로 바닷물에서 나온 감순이.
　"자기야, 나 어때?"
　싱글벙글하는 감순이를 본 감돌이는 까무러칠 지경이었어요.
　"으악. 네 몸이 절여져서 쪼글쪼글해졌어!"
　감돌이는 너무 흉측해진 감순이를 보고 놀라 도망치기 시작했어요.
　"감돌아, 어디 가? 나야, 나. 예쁜 감순이라고!"
　감순이가 애타게 불렀지만 감돌이는 돌아오지 않았답니다.

❖ 용해와 용액

까마귀 가슴에 뜬 별사탕

 어느 마을에 술이라면 자다가도 벌떡 일어나는 까마귀가 살았습니다. 술을 좋아하다 보니 까마귀는 아침 일찍 집에서 나와 밤늦게 들어갈 수밖에 없었고, 그래서 가족들은 까마귀의 얼굴 보는 것도 힘들었습니다.
 게다가 까마귀는 술에 취하기만 하면 듣기에도 거북한 소리를 질러 대곤 했습니다.
 "꺼억 꺽, 까악 깍!"
 그 날도 까마귀는 술에 취해 산길을 걸어가고 있었습니다. 그런데 그 날따라 집을 찾을 수가 없었습니다.
 "어라? 이 길이 아닌가 보다."
 매일 걷던 길이었음에도 불구하고 까마귀는 같은 곳을 몇

번이나 헤맸습니다.

 하루 종일 같은 자리를 빙빙 돌기만 한 까마귀는 지친 나머지 자리에 털썩 주저앉고 말았습니다.

 어느 새 하늘에는 별들이 하나둘 뜨기 시작했습니다. 까마귀는 하늘을 올려다보았습니다.

 그 순간 한 줄기 바람과 함께 무엇인가 '쿵' 하고 떨어졌습니다.

 "어이쿠, 이게 뭐야?"

 재빨리 몸을 피한 까마귀가 바닥으로 눈길을 돌렸습니다.

 "아니, 이건 별이잖아!"

 까마귀의 발 밑에는 노오란 별 하나가 떨어져 있었습니다. 그리고 그 별 안에는 작은 집이 있었습니다.

 까마귀는 이상하고도 신기해서 별 속에 있는 집을 유심히 살펴보았습니다. 그런데 난데없이 집 안에서 하얀 날개를 퍼덕이며 까치가 튀어나왔습니다. 까치는 날카로운 목소리로 까마귀에게 소리쳤습니다.

 "뭘 멍청하게 보고 있소? 냉큼 들어오지 않고!"

 까마귀는 너무나 놀라 뒷걸음질을 치고 말았습니다.

 "뉘, 뉘시오?"

 "놀라긴, 잡아먹지 않을 테니까 어서 들어오라고."

　까마귀는 까치가 시키는 대로 별 속에 있는 집으로 들어갔습니다. 집 안에서 까치는 커다란 솥에 물을 끓이고, 하얀 설탕을 섞는가 하면, 긴 주걱으로 설탕이 녹아 있는 물을 휘휘 젓기도 했습니다.
　"지금 뭘 만들고 있나요?"
　까마귀가 물었습니다.

"나는 별사탕을 만들고 있소."
"꺼억 꺽, 까악 깍! 별사탕이라고?"
까치의 말을 들은 까마귀가 코웃음을 쳤습니다.
"푸하하, 까치 씨는 별걸 다 만들고 있네요."
"그렇게 웃을 일이 아니오. 당신도 지금부터 별사탕을 만들어야 하오. 만약 별사탕을 만들지 못하면 당신은 이 곳에서 나갈 수 없을 것이오."
까치는 까마귀 앞에 커다란 물통을 가져다 놓았습니다.
"우선, 이 통의 물이 달콤해질 때까지 설탕을 녹이시오."
"그거야 쉽지요."
까마귀는 코웃음을 치며 물에 설탕을 녹이기 시작했습니다. 그런데 이상하게도 설탕을 아무리 녹이고 녹여도 통 속의 물은 달콤해지지 않았습니다. 사흘 밤낮을 새워 설탕을 녹여도 결과는 마찬가지였습니다. 까마귀는 마침내 지쳐 쓰러지고 말았습니다.
"까치 씨, 이게 어떻게 된 일이오. 설탕은 녹지 않소?"
까마귀가 고개를 갸우뚱거리며 까치에게 물었습니다.
"맞소. 설탕은 물에 녹아요. 그리고 어느 정도 녹으면 더 이상 녹지 않소. 그런 용액을 포화 용액이라고 하오. 하지만 지금 당신 앞에 있는 건 설탕을 더 녹일 수 있는 불포화 용액이오. 설탕을 더 녹이시오."

까치가 냉정하게 딱 잘라 말했습니다.

까마귀는 다시 사흘 동안 설탕을 녹였지만 설탕 용액은 불포화 상태를 벗어나지 않았습니다. 까마귀는 더 이상 참을 수가 없었습니다.

"이건 당신의 속임수가 틀림없어. 세상에 이런 용액은 있을 수 없다고!"

화가 난 까마귀가 소리쳤습니다. 그러자 까치가 까마귀를 무섭게 노려보았습니다.

"그렇소. 세상에 그런 용액은 있을 수 없소. 하지만 당신이 그런 용액을 만들었소."

"뭐라고? 내가 만들었다고?"

"이건 당신 가족의 눈물이오."

까마귀는 말문이 막혔습니다. 그런 까마귀에게 까치가 말했습니다.

"당신은 가족과 함께 주말을 보낸 적이 있소? 까마귀 씨, 당신은 당신 아이의 생일에도 밤 늦도록 집에 들어가지 않았소. 이것은 그럴 때마다 당신의 가족이 흘린 눈물이란 말이오."

까마귀는 그제야 설탕을 녹이고 녹여도 포화 용액이 되지 않는 이유를 알았습니다.

"아, 그랬군요. 난 정말 나쁜 아버지였군요. 나 때문에 가족들이 그토록 슬퍼할 줄은 몰랐소."

까마귀는 진심으로 자신의 잘못을 뉘우쳤습니다.

술에서 깨어나 그 동안 한 일을 생각해 보니 까마귀는 자신이 너무나도 한심하게 느껴졌습니다.

"아, 내가 평생 동안 한 일이라고는 술을 마셔 댄 일밖에 없구나!"

까마귀가 긴 한숨을 내쉬었습니다.

그러자 까치가 하얀 별사탕을 까마귀에게 건넸습니다.

"받으시오. 당신 아이들에게 줄 별사탕이오."

"제 아이들에게 줄 별사탕이라고요?"

까치의 말에 까마귀가 깜짝 놀랐습니다.

"아이들은 밤마다 당신 가슴에 별사탕처럼 반짝이는 정이 깃들이기를 빌었소. 당신이 아이들의 소원을 이루어 주겠다면 이 별사탕을 아이들에게 가져다 주시오."

까마귀의 눈에서는 한 줄기 눈물이 흘렀습니다.

"까악 까악! 아빠 일어나세요!"

까마귀는 누군가 흔드는 바람에 눈을 떴습니다. 까마귀의 눈앞에는 사랑스런 가족들이 환하게 웃고 있었습니다. 가슴마다 반짝이는 별사탕을 하나씩 달고 말이죠.

 궁금증 해결

액체에 녹는 물질의 양

설탕이나 소금과 같은 물질이 액체에 녹는 현상을 용해라고 합니다. 그리고 물질이 용해되어 고루 섞인 액체를 용액이라고 하지요. 그러니까 설탕물이나 소금물 같은 것을 용액이라고 하는 것입니다.

일정한 양의 액체에 녹는 물질의 양은 한정되어 있는데, 가루 물질의 녹는 양은 액체의 온도와 많은 관련이 있습니다. 액체의 온도가 높아지면 가루 물질의 녹는 양은 많아지고, 액체의 온도가 낮을수록 가루 물질의 녹는 양은 적어집니다. 또한 물질이 용해되기 전의 물질과 액체의 무게는 용해된 후의 용액의 무게와 같습니다. 용액의 진하기는 색깔이나 맛으로 알아 낼 수 있습니다. 용액에 어떤 물체를 넣어 뜨고 가라앉는 것으로도 구별할 수도 있지요.

그럼 포화 용액과 불포화 용액은 무엇을 말하는 것일까요?

물질을 어떤 온도의 액체에 더 이상 녹지 않을 때까지 녹인 용액을 포화 용액이라고 합니다. 반면 포화 상태에 이르지 않아서 더 녹일 수 있는 상태의 용액을 불포화 용액이라고 하죠.

또 온도를 낮췄을 때 어떤 용액에는 포화 상태 이상으로 물질이 많이 녹아 있는 수가 있는데, 이러한 용액은 과포화 용액이라고 합니다. 과포화 상태의 용액은 불안정하므로 휘저어 주거나 톡톡 치는 등 충격을 가하면 고체 물질이 생기면서 포화 용액으로 됩니다.

놀라운 상식 백과

기체도 물에 녹을까요?

　기체는 높은 압력을 가할수록 액체에 많은 양이 녹아 들어갑니다. 사이다나 콜라는 높은 압력을 가하여 이산화탄소를 액체 속에 녹인 것인데, 마개를 따면 압력이 떨어져서 액체에 녹아 있던 이산화탄소가 녹아 있을 수 없게 되어 거품으로 나오는 것입니다.
　기체는 액체의 온도가 낮을수록 많이 녹으며, 온도가 올라감에 따라 녹을 수 있는 양이 줄어듭니다. 콜라나 사이다의 톡 쏘는 맛은 녹아 있는 이산화탄소에 의한 것이므로, 온도가 높아지면 녹아 있는 이산화탄소가 줄어들어 맛이 적어집니다.

우리 몸에 정말로 소금이 녹아 있을까요?

　사람의 몸은 약 $57l$ 의 물로 되어 있습니다. 그러나 알고 보면 이 체액은 순수한 물이 아니라 소금물입니다. 우리 몸은 살아가거나 일하기 위해서 반드시 소금이 필요하며, 매일 어느 정도 이 소금물이 없어지므로 필요한 양만큼의 소금이 포함된 고기나 채소를 통해 소금을 공급해 주어야 합니다.
　실제로 열대 지방에 살고 있는 많은 사람들은 땀을 통해 몸 밖으로 빠져 나간 물이나 소금을 보충하기 위해서 '소금약'을 먹는다고 합니다.

가루비누가 비누보다 더 잘 녹는 이유는?

　땡이가 비누를 깎아서 물에 녹인 뒤 비눗방울을 불고 있어요. 멍멍이는 비눗방울이 마냥 신기하기만 했어요. 이 모습을 보고 있던 땡이에게 좋은 생각이 떠올랐어요.
　"멍멍아, 내가 더 재미있는 거 보여 줄게."
　땡이는 세숫대야에 물을 담아 와 가루비누를 타기 시작했어요.
　"멍멍아, 가루비누는 그냥 비누보다 용해되는 속도가 빠르단다. 그리고 거품도 훨씬 많아."
　멍멍이가 궁금한 표정을 짓고 있자, 땡이가 자세히 설명을 했습니다.
　"응, 네가 용해가 뭔지 잘 모르는구나. 용해란, 물질이 액체에 녹아 골고루 퍼져 전체가 투명하게 되는 현상이야. 이 가루비누가 물에 녹는 것도 용해란다."
　가루비누가 다 녹자 땡이는 커다란 비눗방울을 만들어 멍멍이를 향해 불었어요. 그러자 멍멍이가 비눗방울에 갇혀 둥둥 뜨기 시작했답니다.
　"잘 가, 멍멍아. 이제는 오지 마라."
　땡이가 멍멍이에게 장난을 치고 있을 때 엄마가 화난 얼굴로 나타났어요. 빈 가루비누 통을 들고 말이에요.
　"이 가루비누 다 어디로 간 거니?"
　땡이는 엄마한테 혼날까 봐 도망을 쳤어요. 엄마는 쫓아오고요. 이 때 멍멍이가 갇혀 있던 비눗방울이 '펑' 하고 터졌어요. 멍멍이는 떨어지면서 도망가던 땡이를 덮쳤죠. 그 바람에 엄마는 손쉽게 땡이를 잡아 혼내 줄 수 있었답니다.

❖ 날씨의 변화

팽이와 짱아의 요술

짱아 요정과 팽이 요정은 요술 수업을 받으러 숲으로 가는 길이었습니다.
"어? 이게 뭐지?"
신문지로 돌돌 말린 뭉치가 길가에 떨어져 있는 것을 짱아가 주워 들었습니다. 옆에 있던 팽이도 짱아의 어깨 너머로 내려다보며 말했습니다.
"떡인가?"
돌돌 말린 신문지를 펼친 짱아는 그만 입을 다물 줄을 몰랐습니다.
"도…돈이잖아!"
"돈?"

팽이도 돈 뭉치를 보자 입을 벌린 채 짱아를 마주 보았습니다. 세종 대왕 얼굴이 무려 스무 개나 되었던 것입니다.
"만 원짜리가 스무 개면 이십만 원!"
짱아는 침을 꼴깍 삼켰습니다.
"이제 우린 어떡하냐?"
"어떡하긴 경찰서에 갖다 줘야지."
"허긴, 우리야 돈이 아무리 많아 봐야 요정 나라에서는 쓸 수도 없는데 뭐."

짱아도 고개를 끄덕였습니다. 팽이는 돈 뭉치를 꼬옥 쥐어 들고 짱아와 함께 경찰서로 가고 있었습니다.

"경찰서가 이 골목이 맞던가?"

앞장을 서던 팽이가 잠시 두리번거리고 있을 때였습니다.

갑자기 머리에 검은 스타킹을 쓰고, 검은 옷을 입은 두 명의 남자가 길을 가로막았습니다.

"하하! 꼬맹이들 어디 가시나? 남의 돈다발을 들고 줄행랑을 치려고 그랬군. 어서 그 돈 이리 내놔!"

팽이가 두 눈을 동그랗게 뜨고 물었습니다.

"아하! 아저씨들이 이 돈의 주인이시군요?"

"주인? 주인! 응, 그렇지. 우리가, 우리가 주인이야."

"그럼 당연히 돌려 드려야죠."

팽이가 대뜸 두 남자에게 돈을 건네 주려 하자, 짱아가 막고 나섰습니다.

"잠깐!"

"아니 넌 또 뭐야?"

덩치가 더 큰 사나이가 소리쳤습니다.

"그런데 아저씨들은 왜 그렇게 도둑처럼 변장을 하고 다니세요?"

"그야, 그야 뭐 우린 좀 색다르고 남다른 옷차림을 좋아해서 말야. 하여튼 그 돈부터 내놓고 얘기해. 아까도 말했지만 그 돈의 임자는 우리니까."
"왜 그래? 이 돈의 주인이라는데."
팽이가 귓속말로 짱아에게 짜증을 냈습니다.
"만약 이 돈의 주인이 저 시커먼 두 남자라면 신문지에 든 액수가 얼마인지 물어 봐. 맞추면 진짜 주인이겠지."
짱아가 귓속말을 끝내자 그제서야 침착해진 팽이가 돈 뭉치를 뒤로 숨기며 물었습니다.
"이 신문지 안에 든 돈이 얼마인지 아세요?"
"어, 한 몇십만 원 될 거야. 내가 너무 급하게 나오는 바람에 돈을 정확히 세어 보고 나오지 못했단다. 너희들 뭔가 의심하는가 본데, 어린 나이에 벌써 어른들 말을 우습게 알고 그러면 안 되지. 어서 그 돈 이리 내놔라. 착하지."
"아무래도 거짓말인 것 같아."
"내 생각에도 그런 것 같아."
"지난번 요술 수업 시간에 책에서 봤던 그림 속의 도둑들과 옷차림이 똑같잖아."
"그래, 바로 그거야."
팽이의 말이 끝나기가 무섭게 두 남자는 뒤로 감추고 있던 몽둥이를 휘두르며 위협했습니다.
"너희 둘, 어서 좋은 말로 할 때 돈 내놔!"
"이제 우린 어떡하냐? 요술을 쓸 수밖에 없어."

짱아가 팽이에게 귓속말로 급하게 속삭였습니다.
"요술은 아무 때나 쓰는 게 아니랬단 말야."
"하지만 지금 저 도둑 아저씨들에게 돈을 뺏기게 생겼잖아. 빨리 해결하고 가야 지각을 안 한다고."
"그렇긴 한데……."
짱아와 팽이는 이제 막 요술 수업을 받기 시작한 풋내기 요정들이었습니다.
"요정 행동 지침 제2조. 힘으로 싸워서도 안 되고 나쁜 사람이라도 함부로 다치게 해서는 안 된다. 벌써 잊었니?"
"하지만 다른 방법이 없잖아?"
팽이와 짱아는 고민에 빠졌습니다. 그 때 짱아가 눈에 생기를 띠며 말했습니다.
"작은 물방울을 이용하는 거야."
"아, 그래! 작은 물방울들이라면 우릴 도와 줄 거야."
"그럼, 팽이 너도?"
"그럼. 내가 덤벙대서 가끔은 실수를 하지만 위급할 때에는 내 파트너인 짱아 너와 이심전심이지. 헤헤."
"자, 뭘 꾸물거리는 거야. 이젠 그만 돈을 내놓으시지!"
도둑들은 눈을 반짝이며 팽이와 짱아에게 다가왔습니다.
"팽이야, 이러고 있을 때가 아니라 어서 물방울을 만들어야 해!"

짱아가 다급하게 소리치자 팽이가 고개를 끄덕였습니다. 팽이는 공기중의 따스한 수증기가 식으면서 엉겨 붙어 물방울이 될 수 있게 주위를 차갑게 만들었습니다. 공기중에 떠돌던 수증기의 온도가 갑자기 내려가자 담벼락 아래에 있는 풀잎과 길가에 서 있던 나뭇잎에 이슬이 맺혔습니다.

"자, 이 정도면 됐지? 어때."

짱아는 한숨을 내쉬며 실망한 목소리로 말했습니다.

"이슬로 어떻게 도둑 아저씨들을 따돌릴 수 있겠니?"

"우리가 얼마나 무서운 도둑들인지도 모르고 아까부터 뭘 그렇게 속닥거리기만 하는 거야. 갑자기 축축한 이슬은 또 뭐고?"

두 도둑은 고개를 갸우뚱하며 이슬을 발로 차 버렸습니다. 팽이가 다급하게 속삭였습니다.

"너도 물방울이 좋겠다고 해서 난 당연히 이슬이라고 생각했지. 이슬이 아니었어? 수증기의 온도가 갑자기 낮아져서 지표면 위에 작은 물방울이 생기는 거 말야."

"난 안개를 말한 거였어. 땅에 깔리는 낮은 구름과 같은 거 말야. 공기의 온도가 어떤 기준치보다 차갑게 내려가면 그 공기가 수분을 수증기의 형태로 가지고 있을 수 없게 되어 일부 수증기가 물방울로 엉겨 붙는 거 말야. 안개가 자욱하게 끼면 자동차도 비행기도 다니기가 어려운데 도

둑 아저씨들이라고 우릴 찾을 수 있겠니? 시야가 흐려서 우릴 찾기가 어려울 거 아냐."

"아하! 그럼 넌 구름이 땅 위에 깔린 안개를 말하는 거였구나!"

"자, 이제 알았으면 안개를 만들도록 하자."

"알았어."

팽이와 짱아는 함께 안개를 만들기 시작했습니다.

"난 찬 공기를 만들 테니까 넌 뜨거운 공기를 만들어."

"그러면 갑자기 온도가 변해서 생긴 작은 물방울들이 땅 위에 떠 있는 안개를 만들 수 있는 거지."

덤벙대던 팽이도 이번에는 진지했습니다.

"안개다. 안개! 우리가 해냈어!"

갑자기 희부연 안개가 자욱하게 끼기 시작했습니다.

"아이고, 이게 뭐야! 애들을 찾아! 애들을 찾아 내라고!"

"보여야 찾지!"

두 명의 도둑 아저씨는 서로 실랑이를 하였습니다. 안개 때문에 앞을 볼 수 없었던 것입니다.

"이거 뭐 보이는 게 있어야 잡든지 말든지 하지. 이놈의 안개 때문에 다 된 죽에 코 빠졌네."

팽이와 짱아는 도둑들에게서 도망쳐 나와 무사히 경찰서로 향했습니다.

궁금증 해결

안개와 이슬의 차이점은?

안개와 이슬은 공기중의 수증기가 모여 이루어졌다는 점에서 같습니다. 하지만 안개는 땅 위에 뿌옇게 떠 있고, 이슬은 나뭇잎이나 풀잎에 물방울 모양으로 맺혀 있습니다. 안개와 이슬은 어떻게 다른 것일까요?

안개는 더운 공기와 찬 공기가 만나서 생긴 작은 물방울들이 땅과 가까이 떠 있는 것입니다. 그래서 날씨가 갠 날 밤이나 갑자기 기온이 내려간 날 아침에는 안개가 잘 생기지요. 계속 흐리거나 비가 오다가 날씨가 개면 땅 가까이에 남아 있던 차가운 공기와 윗부분의 따뜻해진 공기가 만나서 안개가 생기고, 갑자기 기온이 내려간 아침엔 땅에 남아 있던 따뜻한 공기와 차가워진 공기가 만나서 안개가 생기는 것입니다.

그렇다면 왜 땅의 기온과 윗부분의 기온이 차이가 나는 것일까요? 그것은 고체보다 기체가 온도를 더 빨리 변화시키기 때문입니다. 똑같이 햇빛을 받는다고 해도 공기가 먼저 달구어진 다음 땅도 달구어지지요. 해가 진 밤에도 공기가 먼저 식은 후에 땅이 식는 것입니다.

그런가 하면 이슬은 공기중의 수증기가 응결하여 생기는 것입니다. 물을 끓일 때 주전자의 주둥이 부분을 살펴보면 연기 같은 것이 솔솔 나옵니다. 이 때 차가운 숟가락이나 유리컵을 갖다 대면 물방울들이 맺히는데 이슬도 이와 같습니다. 따뜻한 공기중에 섞여 있던 수증기가 땅 위의 차가운 물체에 닿아 식어서 된 물방울이 바로 이슬이지요.

놀라운 상식 백과

아이스크림에서 연기가?

더운 여름날 아이스크림을 먹으려고 하면 연기가 솔솔 나는 것이 보이죠? 차가운 아이스크림에서 웬 연기가 나는 것일까요?

연기처럼 보이는 그것은 사실은 수증기입니다. 여름에는 우리 눈에 보이지 않는 물방울들이 공기중에 많이 섞여 있습니다. 그런데 갑자기 차가운 아이스크림과 더운 공기가 만나면, 아이스크림 주변의 공기가 차가워지면서 수증기가 응결하게 됩니다. 이 수증기가 연기처럼 보이는 것이지요. 이 수증기가 곧 물이 되어 아이스크림 겉에 송송 맺히게 됩니다.

모양이 바뀌는 구름

하늘에 떠 가는 구름을 가만히 살펴보면 모양이 자꾸 바뀌는 것을 알 수 있죠. 왜 그럴까요?

구름을 이루고 있는 물이나 얼음의 알갱이들은 아주 작아서 지름이 100분의 1mm밖에 되지 않습니다. 백만 개가 합쳐져도 겨우 1g밖에는 되지 않고요. 그래서 이 작은 물과 얼음의 알갱이들은 바람에 이리저리 밀려다닐 수밖에 없습니다.

그러다 보니 구름덩어리의 모양은 계속 바뀌는 것이지요.

❖ 날씨의 변화

사막에 내리는 비

한 사나이가 사막을 걸어가고 있었습니다. 얼마나 오래 걸었는지 피부는 벌써 새카맣게 탔고, 목은 너무 말라 침조차 겨우 넘길 정도였습니다. 사나이에게는 세 방울의 물이 있었지만 마시지 않고 허리춤에 잘 간직해 두고 있었습니다.
'목이 너무 말라 죽기 직전이 아닌 이상 마시면 안 돼.'
사막 한가운데서 갑자기 나타난 강도들에게 낙타와 시장에 내다 팔 옷감과 물통까지 빼앗긴 사나이에게 남은 거라곤 세 방울의 물이 든 작은 물병뿐이었습니다. 이런 사나이를 멀리서 지켜 보던 고기압이 저기압을 서둘러 찾아갔습니다.
"저기압 씨, 어서 일어나 봐요. 어서요. 어서!"
"무슨 일인데 이렇게 소란을 피우는 거예요?"

게으름뱅이 저기압이 귀찮다는 듯이 물었습니다.
"당신이 좀 도와 줘야겠어요. 비를 내리게 해 주세요."
저기압이 두 눈을 동그랗게 뜨고 대답했습니다.
"그게 무슨 말이에요? 여긴 사막이라고요. 사막에서 저기압이 차가운 공기를 만들어 비를 내리게 하는 일이란 가물에 콩 나듯 한다고요. 난 가서 좀더 쉬어야겠어요."
저기압이 돌아서려 하자 고기압이 매달렸습니다.
"저 사나이가 너무 불쌍해서 그래요. 저기압 씨가 좀 도와 줘요. 이렇게 사정할게요."
"그렇게 불쌍하면 고기압 씨가 직접 도우면 되잖아요?"
"전 무겁고 차가운 공기가 압력을 가해서 생긴 고기압이잖아요. 고기압인데 어떻게 비를 내려주겠어요? 저 사나이에게 필요한 건 비라고요."
"그 사나이란 게 대체 누군데 그러세요?"
고기압은 힘없이 사막을 걷는 사나이를 가리켰습니다.
"사막에선 누구나 저렇게 걷는다고요."
"저 사나이는 강도를 만나서 몽땅 털렸어요. 게다가 집도 멀고 물이라곤 단 세 방울밖에 없어요. 저 상태로 계속 걷다가는 살아서 돌아가기 힘들 거예요."
"우리 책임은 아니잖아요."
할 말을 잃은 고기압은 생각에 잠겼습니다.

"우리가 저 사나이를 시험해서 착한 마음씨를 가졌으면 저기압 씨가 비를 뿌려 주고 그렇지 않은 사람이면 제가 더 이상 귀찮게 하지 않을게요."
고기압의 말을 들은 저기압이 말했습니다.
"만약 내기에 지면 고기압 씨는 계속 사막을 지키면서 공기를 건조시키고 구름을 증발시켜야 해요."

저기압은 고기압의 제안을 받아들였습니다. 둘은 내기 방법으로 선인장을 생각해 냈습니다. 선인장도 고기압과 저기압의 부탁을 들어 주기로 했습니다. 고기압은 저기압과 함께 사나이를 지켜 보았습니다. 사나이가 선인장 가까이 지나치려 할 때 선인장이 말을 걸었습니다.

"아저씨, 아저씨, 혹시 물 좀 가진 게 있나요?"

사나이는 허리춤에 있는 세 방울의 물이 생각났습니다.

"세 방울 정도 되는 물이 있긴 하다만……."

"그럼 그걸 저에게 좀 주시겠어요? 이 사막에는 고기압만 생겨서 말이에요. 무겁고 차가운 공기가 압력을 가해서 발생시키는 고기압 있잖아요. 그 때문에 따뜻해진 공기가 구름도 증발시켜 버리고 공기도 건조하게 해 버렸지요. 처음엔 맑게 갠 날씨가 좋다고 했는데, 아주 오래 전부터 지금까지 그랬으니 물 한 방울을 구경할 수가 있어야지요. 아마 앞으로도 비라고는 한 방울도 내리지 않을 거예요. 고기압이 턱 버티고 있으니까요. 전 목이 말라서 타는 것 같아요. 아저씨 제게 물 좀 주시겠어요?"

선인장은 눈물까지 흘렸습니다.

'목이 타기는 나도 마찬가진데 이를 어쩐다? 갈 길도 멀고 앞으로도 비는 오지 않을 거라니…….'

사나이는 물통과 애원하는 선인장을 번갈아 보았습니다.

'나야 며칠이 걸려서라도 집으로 가면 물을 마실 수 있지만 선인장은 내가 주지 않으면 꼼짝없이 이 자리에서 말라 죽어 버릴 테니 이 물을 저 선인장한테 주어야겠다.'

사나이는 물병의 뚜껑을 열어 선인장에게 세 방울의 물을 정성스레 뿌려 주었습니다. 선인장은 두 기압의 내기 덕분에 세 방울의 물을 마실 수 있었습니다.

"정말 고마워요."

이 광경을 지켜 보던 고기압 씨가 기뻐하며 말했습니다.

"자, 저기압 씨 이젠 사막에 비를 좀 뿌려 주시지요. 그 동안 너무나 오래 비가 내리지 않았잖아요."

저기압 씨도 말없이 고개를 끄덕였습니다.

잠시 후, 사막의 하늘에 먹구름이 끼고 차가운 공기가 생기기 시작했습니다.

후두두! 후두두! 파삭파삭 마른 사막의 모래 위에 빗방울이 떨어졌습니다. 사나이는 하늘을 올려다보았습니다.

"이게 뭐야? 비야! 비로구나!"

사나이는 하늘에서 쏟아지는 비를 듬뿍 받아 마셨습니다. 온몸으로 덩실덩실 춤을 추며 비에 흠뻑 젖기도 했습니다. 사나이는 내리는 비 덕분에 집으로 돌아갈 힘도 다시 얻었습니다.

고기압과 저기압의 차이는?

　기압은 공기가 내리누르는 힘을 말합니다. 우리가 평상시에는 잘 느끼지 못하지만 공기에도 무게가 있습니다. 기압도 그 무게 때문에 생기는 것입니다. 하지만 곳에 따라서 기압에도 차이가 있습니다. 주변보다 기압이 높아서 내리누르는 힘이 커지면 고기압, 주변보다 기압이 낮아서 힘이 약해지면 저기압이라고 하죠.

　이렇게 고기압과 저기압이 분포되어 있을 때 공기는 기압이 높은 곳에서 낮은 곳으로 이동합니다. 이런 공기의 이동이 바로 바람입니다. 그렇기 때문에 기압이 바뀌면 바람의 방향도 바뀝니다. 또 기압의 차이가 클 때는 센 바람이 불고, 기압의 차이가 작을 때는 약한 바람이 붑니다.

　고기압인 지역에서는 바람이 시계 방향으로 불어 나가기 때문에 중심 부근의 공기는 엷어집니다. 그러면 엷어진 공기를 채우기 위해서 높은 곳의 공기가 땅으로 내려오면서 압축되어 온도가 높아지고 날씨가 맑아집니다. 하지만 저기압인 지역에서는 정반대의 현상이 일어납니다. 저기압인 지역에서는 바람이 시계 반대 방향으로 불어 들어옵니다. 그러면 중심의 바람은 고기압과 반대로 위로 불어 올라가게 됩니다. 위로 올라간 공기는 갑자기 팽창되기 때문에 온도가 낮아지고 낮아진 온도 때문에 구름이 생기면 날씨가 흐려지는 것입니다.

놀라운 상식 백과

별이 많으면 날씨가 맑다?

소풍 가기 전날, 밤 하늘을 보면서 다음 날 날씨가 맑기를 기원해 본 적이 있을 것입니다. 실제로 별이 많이 뜬 다음 날은 구름 한 점 없는 맑은 날이 된다고 합니다. 그 이유는 대기층이 안정되어 있기 때문이지요.

반대로 기류의 활동이 많고 대기층이 불안정할 때는 비록 흐리지 않더라도 별이 많이 보이지 않는다고 합니다.

하늘은 왜 파랗게 보일까요?

하늘이 파랗다면 우주도 파랄까요? 아닙니다. 하늘이 파랗게 보이는 것은 어디까지나 빛 때문입니다. 공기는 우리 눈에 보이지 않는 작은 입자들로 이루어져 있습니다. 햇빛이 이 입자들에 부딪혀서 파란색으로 보이는 것이죠.

햇빛의 색깔은 흰색입니다. 하지만 프리즘으로 비추어 보면 무지개색으로 굴절되어 보입니다. 하늘이 파랗게 보이는 것도 공기의 입자 하나 하나가 작은 프리즘의 역할을 하기 때문입니다.

파란색의 빛은 공기에 부딪히면 옆으로 밀려 나가게 됩니다. 이것을 '빛의 산란'이라고 하는데, 이렇게 산란된 빛이 모이고 모여서 하늘이 파랗게 보이는 것입니다.

높은 산에 올라가면 왜 숨이 찰까요?

　오늘은 땡이가 아빠랑 등산을 왔어요. 그런데 등산을 하던 땡이가 그만 털썩 주저앉고 말았어요.
　"거의 다 왔다. 저기가 정상이야."
　땡이는 아빠가 일으켜 주어도 자꾸만 주저앉았어요.
　"너 자꾸 그러면 아빠 혼자서 간다."
　아빠는 멀찌감치 앞장을 섰어요.
　"에구, 너무 힘드니까 귀도 멍멍하고, 숨도 못 쉬겠어요. 이거 고산병인가 봐요. 눈까지 침침해졌는지 뱀이 다 보이는 것 같다니까요."
　그런데 멀리서 아빠가 뭐라고 소리를 쳤어요.
　"땡이야, 조심해. 뒤에 뱀 있어!"
　"뭐라고요? 귀가 멍멍해서 잘 안 들려요."
　땡이는 아빠에게 큰 소리로 말하다 말고 뒤를 돌아보았어요.
　"배…애…앰!"
　아까 땡이가 본 것이 진짜 뱀이었던 거예요. 너무 놀란 땡이는 어디서 기운이 났는지 발이 안 보일 정도로 도망을 쳤어요.
　"아빠, 뱀이에요. 빨리 도망가요, 빨리!"
　아빠는 땡이가 허겁지겁 도망가는 모습을 보고 웃었답니다.
　고산병은 높은 산에 올라갔을 때 귀가 멍멍해지고, 호흡이 곤란해지는 증세를 말해요. 고산병은 높은 산이 해수면보다 공기가 적어 산소가 부족하기 때문에 나타나는 증세예요. 그래서 높은 산에 오를 일이 있을 때는 산소 마스크를 준비하는 게 좋답니다.

❖ 날씨의 변화

얼음의 비밀

흰 눈이 온 세상을 덮고 있는 눈 나라에 큰일이 났습니다.
북극곰이 아끼고 아끼던 다이아몬드 목걸이를 잃어버린 것입니다.
"수달 형사, 잃어버린 내 목걸이를 꼭 찾아 주시오."
북극곰은 족집게 형사 수달을 찾아가 부탁했습니다. 수달 형사는 도둑이 들었다는 북극곰의 집으로 갔습니다.
"집은 어제 하루만 비어 있었는데……."
아끼던 다이아몬드를 잃어버린 북극곰은 속상한 얼굴로 깨어진 돌 상자를 바라보며 말했습니다.
"다이아몬드를 돌 상자 안에 넣어 두셨나요?"
"네. 이 단단한 돌 상자를 어떻게 깼는지 모르겠어요. 게

다가 이 돌 상자는 얼음배 위에 실어 연못 한가운데에 띄워 놓았거든요."

얼음배는 연못가로 밀려나 있었습니다. 수달 형사는 얼음배 표면에 끊어진 실이 붙어 있는 것을 보았습니다.

"범인의 모습은 보았습니까?"

"자세히는 못 봤어요. 범인이 발을 쿵 구르자 멀쩡하던 얼음 다리가 갑자기 무너져 버렸거든요."

수달 형사는 범인으로 의심되는 동물들을 불러들였습니다. 펭귄과 흰여우, 물개였지요. 수달 형사가 물었습니다.

"어제 낮에 뭘 하셨나요?"

"저는 하루 종일 낮잠을 잤어요."

"난 아이들과 얼음 동산에서 썰매를 탔지요."

"전 낚시를 했습니다."

펭귄, 물개, 흰여우가 차례대로 대답했습니다.

"어제 북금곰 씨가 다이아몬드를 잃어버렸습니다. 그 다이아몬드를 본 적이 있나요?"

"없어요."

동물들은 모두 모른다고 고개를 저었습니다.

"그 다이아몬드가 이 돌 상자 안에 있었는데 한번 보시지요. 열쇠 구멍이 깨어졌더군요."

펭귄과 물개가 깨어진 돌 상자를 이리저리 만져 보았습니다. 흰여우는 펭귄과 물개의 어깨 사이로 고개를 길게 빼고 돌상자를 살펴보았습니다.

"이건 돌상자를 놓았던 얼음배입니다. 팥빙수를 해 먹으면 정말 맛있겠죠?"

수달 형사가 농담을 했습니다. 그러자 범인으로 몰릴까 봐 바짝 긴장을 하고 있던 펭귄이 어색하게 웃으며 말했어요.

"에이, 뭐 하러 딱딱한 얼음을 갈아요. 팥빙수는 무공해 북극 눈으로 만드는 게 제일이죠."

그러자 물개가 맞장구를 쳤습니다.

"그렇고말고요. 이것으론 얼음 조각을 하면 되겠군요."

뒤질세라 흰여우도 끼여들었습니다.

"이 얼음은 짜서 못 먹어요. 차라리 흰 눈이 나아요."

그 때 동물들의 말을 듣고 있던 수달 형사가 흰여우의 어깨를 탁 쳤습니다.

"범인은 흰여우, 당신이오."

"네? 내가 범인이라고요? 무슨 증거로 그런 말씀을 하시는 거죠?"

깜짝 놀란 흰여우가 소리쳤습니다. 수달 형사는 흰여우에게 수갑을 채웠습니다.

"흰여우 당신이 범인인 이유는, 당신이 어제 낚시를 갔다는 것입니다. 또 깨어진 돌 상자를 살펴볼 때 만지지는 않고 눈으로만 보더군요. 그게 증거입니다."
"그게 어떻게 증거가 되지요?"
"당신이 왜 돌 상자를 안 만졌을까요? 그건 돌 상자가 지저분해서입니다. 당신의 오줌이 묻어 있으니까요."
흰여우는 말을 못 하고 있는데 수달 형사가 설명을 덧붙였습니다.
"흰여우 씨는 이 집에 몰래 들어온 다음 낚싯대에 물에 적신 실을 연결했습니다. 그리고 실 위에 소금을 한 줌 뿌린 후 얼음배에 던졌습니다. 얼음배로 팥빙수를 만들어 먹으면 좋겠다고 했더니 짜서 못 먹는다고 했지요? 그건 바로 실 위에 뿌린 소금 때문입니다."
"그러면 어떻게 되는데요?"
궁금한 것은 참지 못하는 북극곰이 물었습니다.
"3초 정도 지나면 물에 적신 실이 얼어 얼음배에 달라붙게 되지요. 흰여우 씨는 수영하기를 별로 좋아하지

않으니까 이 방법을 쓴 것입니다."

북극곰이 고개를 끄덕였습니다.

"그런데 돌 상자에는 왜 오줌을 묻혔지요?"

"오줌을 묻힌 게 아니고 열쇠 구멍에 오줌을 눈 것이지요. 오줌의 대부분의 성분은 물입니다. 그런데 물은 다른 물질과 달리 얼면서 10분의 1 정도 부피가 늘어나지요. 이 때 열쇠 구멍의 작은 틈이 벌어지면서 돌 상자가 깨어져 버린 겁니다."

말문이 막혀 잠자코 있던 흰여우가 마지막 발악이라도 하듯 따졌습니다.

"무슨 소리예요. 내가 범인이라면 어떻게 튼튼한 얼음 다리를 살짝 구르는 것만으로 무너뜨릴 수 있다는 겁니까?"

"하하하, 그것도 간단하지요. 당신은 북극곰 씨의 집에 들어오기 전에 얼음 다리에 긴 철사를 걸고 밑에는 무거운 추를 매달아 놓았지요. 시간이 지나면서 철사에 걸린 무거운 추 때문에 얼음이 녹아 당신이 나올 때쯤에는 얼음 다리가 거의 끊어지려는 상태가 되었지요. 그러니 당신이 살짝 굴렀는데도 얼음 다리가 무너진 것이지요."

옆에서 듣고 있던 북극곰이 고개를 끄덕였습니다.

"센 압력으로 누르는 부분이 잘 녹는 얼음의 성질을 이용한 거군요."

"그렇죠. 흰여우 씨, 이래도 범인이 아니라고 할 겁니까?"
"흑흑흑, 잘못했습니다. 제가 범인입니다."
 흰여우가 고개를 떨구며 자기가 도둑임을 솔직하게 인정했습니다. 이렇게 해서 수달 형사는 하마터면 영영 수수께끼로 남을 뻔한 북극곰 다이아몬드 사건을 해결했답니다.

궁금증 해결

얼음은 왜 녹을까요?

물은 온도에 따라 얼음, 물, 수증기로 모습을 바꾸지요. 이 때 얼음은 물이 고체 상태로 된 것을 말합니다. 보통 물은 온도가 0℃ 이하로 내려가면 고체로 변하지요.

그런데 이 고체 상태의 얼음은 물 위에 뜹니다. 우리는 이것을 자연스럽게 생각하지만 이렇게 액체 위에 뜨는 고체는 지구상에서 오직 얼음뿐입니다. 뿐만 아니라 다른 물질은 액체 상태에서 고체로 변하게 되면 부피가 줄어들지만 얼음은 액체인 물로 있을 때보다 부피가 늘어납니다. 이것은 물분자가 액체 상태로 있을 때보다 고체일 때 더 엉성하게 얽혀 있기 때문입니다.

즉 똑같은 부피의 물과 얼음을 놓고 질량을 쟀을 때 얼음보다 물이 더 무겁습니다. 결국 얼음의 밀도(단위 부피당 물질의 질량)는 물의 밀도보다 작게 되어 물에 뜨는 것입니다.

놀라운 상식 백과

거꾸로 어는 얼음

겨울날 지붕 위의 눈이 녹으면 처마 끝에 고드름이 생기지요. 이것은 물이 흘러내리는 도중에 얼면서 생기는 것인데 아주 조금씩 얼기 때문에 우리는 고드름이 자라나는 것을 쉽게 볼 수 없습니다.

추운 지방의 호수나 바다를 보면 얼음이 얼어도 표면만 얼고 깊은 곳은 물로 남아 있습니다. 만약 얼음이 물에 뜨지 않는다면 이런 일은 생기지 않겠지요.

대신 표면의 물이 어는 대로 아래로 가라앉아 호수나 바다 전체가 꽁꽁 얼어 버릴 것입니다.

석빙고의 비밀

옛날 사람들은 한여름에 얼음을 먹기 위해 겨울에 얼음을 동굴에 넣어 보관했습니다. 이것이 바로 석빙고지요.

얼음을 저장할 때는 얼음끼리 서로 붙지 않도록 쌀겨, 솔잎 등을 1~2cm 정도 깔고 가로 70~80cm, 세로 1m, 높이 60cm 정도의 크기로 잘라 층층이 쌓았습니다.

❖ 날씨의 변화

개굴개굴 일기 예보

"오늘은 물풀로 목도리를 해 볼까? 아니야, 진흙 마사지를 해 보면 어떨까?."

멋쟁이 아기개구리 초롱이는 오늘도 멋낼 생각만 하고 있습니다.

"초롱아, 넌 공부할 생각은 안 하고 언제나 멋부릴 생각만 하니?"

엄마개구리가 만날 나무라도 소용이 없었어요.

"엄마, 너무 공부 공부 하지 마세요. 이 훌륭한 미모로 커서 꼭 스타가 되고 말 테니까요."

초롱이는 자신있게 말했습니다.

초롱이가 꼬맹이 올챙이였을 때의 일이었습니다.

"여긴 물고기가 좀 있으려나?"

"나만 믿으라니까. 여긴 사람들이 많이 오지 않는 곳이라 분명히 물고기들이 많을 거라고."

"심심하니까 텔레비전이나 좀 틀어 봐."

"그러지 뭐. 오늘은 여기서 밤을 새야 할 것 같은데."

초롱이가 동네에 낚시하러 온 사람들이 가지고 온 소형 텔레비전을 보게 된 것입니다. 물 속으로 아른거리며 비친 화면이었지만 초롱이는 눈이 동그래졌습니다.

"아니, 저렇게 멋진 세상이 있었다니!"

그 길로 초롱이는 제일 큰 형을 찾아갔습니다.

"형, 혀엉! 텔레비전에 나오려면 어떻게 해야 돼?"

"응? 갑자기 웬 엉뚱한 소리야?"

"빨리 가르쳐 줘. 응? 어떻게 하면 텔레비전에 나올 수 있냐고?"

"그거? 잘생기고 멋지면 되는 거야. 내가 전에 저 앞마을 초가집에서 텔레비전을 훔쳐 본 적이 있는데, 거기에 나오는 사람이랑 동물들은 정말 멋지게 생겼더라."

초롱이는 형의 말을 들은 그 날부터 멋을 부리느라 정신이 없었습니다.

그러던 어느 날이었습니다.

"부르릉- 부릉- 부릉."

멀리서 자동차 소리가 들렸습니다. 개구리들은 풀숲 사이로 도망가느라 정신이 없었습니다.

"어서 숨어. 사람들이 우릴 잡으러 온다!"

개구리 마을은 순식간에 난장판이 되었습니다.

"개구리들이 다 어디로 숨은 거야? 어서 잡아서 데려가야 하는데."

사람을 피해 숨어 있던 개구리들이 소곤거렸습니다.

"무슨 광고이길래 개구리가 필요하다는 거야?"

"무슨 화장품 광고라는데 그냥 뛰어다니기만 하면 되는 거래."

"그래? 뛰어다니기만 해도 스타가 된다니, 그 개구리 정말 호강하겠군."

초롱이는 귀가 번쩍 뜨였습니다.

'그래, 기회는 이 때다. 내가 드디어 텔레비전에 나오게 되는 거야.'

초롱이는 살금살금 길가로 나갔습니다. 그리고 사람들 눈에 잘 띄는 곳에 얌전히 앉아 있었죠.

"어라? 이 개구리는 도망도 안 가네?"

사람들은 초롱이를 어항에 넣어서 차에 태우고는 어디론가 달려갔습니다.

"야, 너 좀 비켜."
"너나 비켜. 비좁아 죽겠네."
어느새 어항 속에는 열 마리도 넘는 개구리들이 복작거렸습니다. 초롱이는 답답하고 숨이 찼지만 참으려고 애를 썼습니다.
"이봐. 개구리 한 마리씩 꺼내 보라고. 어서 일을 시작해야지."
먼저 제일 앞쪽에 있던 개구리가 밖으로 나갔습니다. 하지만 얼마 지나지 않아 축 늘어진 채 다시 어항으로 들어왔습니다.
"야, 왜 그래? 정신차려."
다른 개구리들은 그 개구리의 주변으로 몰려들었습니다.
"너무 건조해서 숨이 막혀. 도저히 뛰어다닐 수가 없어."
축 늘어진 개구리가 모기만한 소리로 말했습니다. 다른 개구리들도 두려움에 떨었습니다. 개구리들은 조금만 건조해도 금방 숨이 막히니까요. 그런데 초롱이만은 주먹을 불끈 쥐고 다짐했습니다.
'숨이 좀 막히면 어때? 난 꼭 스타가 되고 말 거야. 펄쩍펄쩍 잘 뛸 거라고.'
하지만 이런 다짐도, 스타가 되겠다는 기대도 곧 산산이 부서지고 말았습니다.

"읍, 읍읍, 캐액!"

초롱이도 다른 개구리들처럼 기절한 채 어항으로 돌아와야 했으니까요. 사진을 잘 찍으려면 배경이 환해야 했습니다. 그러려면 불을 많이 켜야 하는데, 이것이 개구리들을 기절시켰던 것입니다.

인공으로 켜 놓은 조명은 빛도 밝지만 거기에서 나오는 열도 대단했습니다. 그런데 이 열이 개구리 몸의 물기를 다 증발시켰습니다. 피부로 숨을 쉬는 개구리들은 몸에 물기가 없으면 안 된다는 걸 사람들이 미처 몰랐던 것입니다.

"이것 참, 개구리로는 도저히 안 되겠는데? 개구리 인형으로 바꿔서 찍을 테니까 저 개구리들은 다시 풀어 놔."

초롱이는 스타의 꿈을 접어야 했습니다. 하지만 하나도 서운하지 않았습니다.

"체, 스타도 좋지만 난 물 많고 공기 좋은 내 고향이 훨씬 좋다."

그 뒤로 초롱이는 스타나 연예인 따위의 말은 입 밖에 꺼내지도 않았습니다. 대신 더욱 훌륭한 개구리가 되기 위해 열심히 공부를 했습니다.

초롱이는 이제 커다란 어른 개구리가 되었습니다. 어릴 적 스타의 꿈을 꾸던 초롱이는 개구리 마을 최고의 가수가 되었습니다. 이웃집 아롱이와 결혼해서 예쁜 알들도 많이 낳았습니다.

"아아아~ 개굴개굴 개구리 노래를 한다. 아들 손자 며느리 다아 모여서~."

오늘은 초롱이의 독창회가 있는 날입니다. 이웃의 개구리들까지 초롱이의 노래를 듣기 위해 하나둘 모여들었습니다.

"우와아아! 짝짝짝짝!"

우레와 같은 박수를 받은 초롱이는 정말 행복했습니다. 그때였습니다.

"부르릉- 부르릉- 끼이익!"

자동차 한 대가 개구리 마을 가까이에 선 것입니다. 오랜만에 평화를 맛보던 개구리들은 갑자기

달아나느라 어수선해졌습니다.
"자, 어서 카메라를 꺼내. 자연스러운 개구리를 찍어야 하니까."
초롱이가 풀숲 뒤에 숨어서 가만히 보니 방송국에서 온 차였습니다.
"아니, 저 녀석들이 또 우리 개구리들을 괴롭히려고?"
초롱이는 가족들과 이웃 개구리들을 꽁꽁 숨겼습니다.
"습기가 많아서 이렇게 축축한데 왜 개구리들이 하나도 안 보이지? 울음소리도 안 들리고."

"글쎄 말야. 개구리들이 울어야 우리도 빨리 일을 끝내고 갈 텐데."
"개구리들아, 우리는 너희를 괴롭히려고 온 게 아냐. 그냥 가만히 보다가 갈게."
"그래, 어서 나타나렴."
차에서 내린 사람들은 개구리들을 찾느라 숲을 조심스레 헤치고 다녔습니다.
그렇게 얼마나 숨어 있었을까요? 비라도 오려는지 초롱이의 온몸이 축축해지더니 기분이 한없이 좋아졌습니다. 그래서 사람들 따위는 아랑곳하지 않고 혼자서 노래를 부르기 시작했습니다.
"개굴개굴 개굴개굴 개구르르~."
그러자 다른 개구리들도 따라서 노래를 불렀습니다. 모두들 너무 기분이 좋아져서 도망갈 생각도 하지 않았습니다.
"개구리 소리다! 어서 녹음해!"
"그래 넌 어서 개구리들을 찾아서 사진을 찍어!"
두 사람은 부지런히 일을 했습니다.
이 일이 있고 난 며칠 뒤였습니다.
"이봐, 초롱이. 어서 나와 보게."
이웃의 아저씨가 초롱이를 찾아왔습니다. 아저씨는 초롱이를 어디론가 데리고 갔습니다.

초롱이가 아저씨를 따라가 보니 건넛마을 기와집의 커다란 텔레비전 앞이었습니다.

"일기 예보 시간입니다. 오늘은 전국에 비가 내렸습니다. 이 비는 농민들의 가슴을 적셔 주는 단비였습니다. 어젯밤 비가 온다는 기쁜 소식을 전해 준 것은 바로 개구리들이었습니다. 큰 소리로 우는 개구리들의 모습을 잠시 보시겠습니다."

아나운서의 말이 끝나고 커다란 화면에 초롱이가 보였습니다. 입을 크게 벌리고 울음주머니를 부풀리며 우는 늠름한 모습이었습니다. 그 순간 초롱이의 얼굴에 조용한 미소가 번졌습니다.

"초롱이, 자네가 텔레비전에 다 나오다니."

이웃 아저씨는 뿌듯하다는 듯 말했습니다. 초롱이는 그 날 내내 이런 생각을 하다가 잠이 들었습니다.

'그래, 자기의 일에 충실할 때 진정한 소망을 이룰 수 있는 거야. 괜히 분수에 맞지 않게 사는 것보다는 이렇게 내 모습 그대로 열심히 사는 게 가장 행복한 거지.'

궁금증 해결

습도란 무엇일까요?

습도란 공기중에 포함되어 있는 수증기의 양을 말합니다.

수증기의 양이 적으면 습도가 낮은 것이고, 수증기의 양이 많으면 습도가 높은 것입니다. 일반적으로 비가 오기 전에는 공기중의 수증기 양이 늘어서 습도가 높아지고 이것으로 비가 올 것을 미리 예측할 수 있습니다.

습도에 따라서 우리 생활에도 많은 변화가 생깁니다. 습도가 낮으면 입과 코 안이 마르게 되고 건강에도 무척 해롭습니다. 또 모든 물건이 바짝 마르기 때문에 작은 불꽃에도 큰 화재가 일어나기 쉽습니다.

습도가 너무 낮아 공기가 건조할 때는 방 안에 젖은 수건이나 빨래를 널어서 습도를 높이는 것이 좋습니다. 또 가습기를 틀어 놓는 방법도 있고, 어항이나 소형 분수를 설치해서 습도를 조절할 수도 있습니다.

그런가 하면 습도가 너무 높을 때는 무덥고 옷이 눅눅해져서 곰팡이가 생기거나 음식이 쉽게 상합니다. 또한 쇠붙이와 같은 금속은 금방 녹이 습니다.

놀라운 상식 백과

습도가 피부와 성격을 좌우할까요?

습도가 우리 생활의 여러 면에 많은 영향을 준다는 것은 모두 알고 있을 것입니다. 하지만 습도가 성격과 피부에 영향을 준다는 것은 아마 잘 모르고 있을 것입니다.

일반적으로 습도가 낮은 곳에서 사는 사람은 피부가 얇고 고우며 성격이 쾌활하다고 합니다. 또 몽골 말과 아라비아 말이 세계적으로 유명한 것도 습도가 낮은 지역에 살아 털빛이 곱고 아름답기 때문이랍니다.

불쾌지수는 무엇으로 결정될까요?

무더운 여름이 되면 일기 예보에서 불쾌지수라는 말을 많이 듣게 됩니다. 날씨와 관련된 불쾌지수는 무엇으로 결정되는 것일까요?

불쾌지수를 결정하는 것은 바로 습도입니다. 건조한 날씨는 입과 코를 마르게 하고 건강에 해롭긴 해도 기분까지 불쾌하게 하지는 않습니다. 하지만 습도가 너무 높아서 공기가 눅눅해지면 대부분의 사람들은 무척 불쾌한 느낌을 가지게 되고 건조한 날씨에 비해서 신경질도 늡니다. 불쾌지수가 68일 때 사람들은 가장 기분이 좋고, 75 이상이면 무더위를 느끼고, 85 이상이면 견디기 어렵습니다.

❖ 식물의 구조와 기능

봉숭아꽃 마을의 축젯날

"에에, 이장님이 중대 발표를 하시겠습니다요."
반장님이 단상에서 내려오자 이장님이 헛기침을 하고 나서 마이크 앞에 섰습니다.
"에, 올해도 어김없이 우리 마을의 자랑인 봉숭아꽃이 온 마을에 피어서 봉숭아꽃 축제를 마을 회관에서 열게 되었습니다요. 여러분들의 많은 성원을 바라는 바입니다."
짝짝짝. 봉숭아꽃 마을 사람들은 일제히 환호성을 지르며 박수를 쳤습니다.
유난히 봉숭아꽃이 많고 예뻐서 매년 축제를 열어왔던 봉숭아 마을이 올해도 어김없이 축제 준비를 했습니다.
할머니들은 삼삼오오 짝을 지어 목욕탕으로 향했습니다.

"아이고, 나는 작년에 춤을 너무 심하게 춰서 허리를 다쳤는데 비만 오면 쑤신다우."
"그래도 축제는 정말 신나는 일이지, 아암!"
할머니, 할아버지들도 설레는 눈치들이었습니다.
"난 이번엔 얼기설기 칡뿌리춤을 출 거야, 넌?"
"나는 인기 그룹 삐리삐리 삼총사의 노래를 불러야지."
아이들은 아이들대로 춤 연습을 하느라 분주했습니다.
마을 회관 천장에는 오색기가 펄럭이고 노래 자랑을 펼칠 무대 위에는 악기들이 가지런히 놓여 있었습니다. 분장실에는 맨 처음으로 선보일 봉숭아꽃 진선미가 각별한 보살핌 아래 나란히 피어 있었습니다.
"올해는 이장님이 돈을 팍팍 써서 텔레비전에 나오는 가수를 초청하기로 했대. 그래서 드라이 아이스를 만들어 노래 부를 때 뒤에서 깔아 준다는군."
"뭐야? 인기 가수가 와? 그게 누군데, 그게 누군데?"
"비밀이지."
"에이, 나한테만 살짝 가르쳐 줘. 내 비밀 지킬게."
"뚱기둥이라네!"
"우아, 뚱기둥이라고?"
다음 날 봉숭아꽃 마을에

봉숭아꽃 마을의 축젯날

뚱기둥이 온다는 사실을 모르는 사람은 아무도 없었습니다.
"아, 뚱기둥 노래 부를 때 멋지게 장식할 드라이 아이스 준비는 잘 되어 가고 있겠지?"
"그럼요. 우리 동네에 있는 이산화탄소를 많이 모아 준비해 뒀습니다. 만약을 대비해서 여유분까지 준비했죠."
"잘했네. 잘했어."
이장님의 칭찬을 받은 봉숭아꽃 마을 오락 부장은 부끄러워서 머리를 긁적였습니다.
축제 준비는 순조롭게 진행되는 듯이 보였습니다.
드디어 축젯날 아침이 되었습니다.
"에에, 모든 준비는 잘 되었으리라 믿고 축제를 시작해도 되겠지요? 자, 그럼 우리의 자랑이자 봉숭아의 자랑인 봉숭아꽃 진선미가 입장하겠습니다."
이장님이 흥분된 얼굴로 외쳤습니다. 마을 사람들은 우레와 같은 박수를 보냈습니다. 오락 부장이 뛰어온 건 그 때였습니다.
"저어…이장님! 이장님, 큰일났습니다."
오락 부장은 숨을 헉헉 몰아 쉬며 단상으로 달려왔습니다.
"무슨 문제가 생겼소? 설마 뚱기둥이 못 온다는 얘기는 아니겠지?"
"그게 아니라 봉숭아꽃이……."

"그럼, 봉숭아꽃이 뭐 시들기라도 했단 말이오?"
"네."
"아니! 그게 무슨 말이오? 봉숭아꽃을 보려고 전국에서 사람들이 몰려올 텐데 꽃이 시들다니."
"저도 말씀드리기가 죄송해서……."
"죄송이고 뭐고 빨리 싱싱하게 만드시오."
"그런데 어젯밤까지만 해도 싱싱했던 봉숭아꽃이 오늘 아침부터 시들시들해진 이유를 모르겠습니다."
"이유를 모른다니 말이 되는 소리를 하시오! 이제 와서 축제의 주인공인 봉숭아꽃이 시들었다고 하면 어떡하란 말이오, 오락 부장!"

봉숭아꽃 마을 사람들이 모두 수군거렸습니다. 한참 소란스러운 와중에 축제를 보러 왔던 군수님이 말했습니다.

"봉숭아꽃들이 한꺼번에 시든 이유는 광합성 작용을 제대로 하지 못해서 그렇소."
"광합성 작용이라니요?"
"지금까지 봉숭아꽃을 내세워 축제를 열었으면서 봉숭아꽃에 대해서는 잘 모르시는구려. 광합성은 태양의 빛 에너지가 녹색 식물 잎의 숨구멍을 통해 들어온 이산화탄소와 뿌리에서 흡수한 물로 녹말이나 포도당을 만드는 일이오."

"햇빛도 쨍쨍하고 물도 평소처럼 주었는데 그렇다면?"
"이산화탄소가 갑자기 모자라서 그렇게 된 것이오."
그제서야 오락 부장은 무릎을 쳤습니다.
"드라이 아이스를 만드는 데 이산화탄소를 너무 많이 써 버려서 그렇군요."
"아니, 이 좁은 마을 회관 안에 있는 이산화탄소로 드라이 아이스를 만들었소? 허허, 그러니까 싱싱하던 봉숭아꽃들이 이산화탄소가 모자라 물과 반응하지도 못하고 양분도 얻지 못해 모두 시들시들해진 거로구먼, 쯧쯧쯧."

"축제의 주인공인 봉숭아꽃에 신경은 못 쓰고 허튼 데다 신경을 쓰다가 이렇게 돼 버렸습니다. 내년에는 절대로 드라이 아이스를 쓰지 않고 봉숭아꽃 축제이니만큼 봉숭아꽃에만 신경을 쓰도록 해야겠습니다."

책임감이 강한 오락 부장은 쥐구멍에라도 들어가고 싶은 심정이었습니다.

궁금증 해결

식물은 이산화탄소를 어떻게 이용할까요?

식물은 사람과 반대로 낮 동안에는 이산화탄소를 받아들이고 산소를 내뿜는다고 알려져 있습니다. 왜 그럴까요?

식물은 숨구멍으로 이산화탄소를 받아들이고, 뿌리로는 물을 받아들입니다. 식물의 몸에 받아들여진 이산화탄소와 물은 잎의 엽록체에서 녹말과 산소로 바뀌게 됩니다. 물론 이런 변화에는 큰 에너지가 필요합니다. 식물은 그 에너지를 햇빛에서 얻습니다. 식물의 이런 활동을 광합성 또는 탄소 동화 작용이라고 합니다.

그렇다면 식물은 왜 밤에는 광합성을 하지 않을까요? 광합성을 하지 않는 것이 아니라 할 수 없다는 말이 맞습니다. 광합성을 할 때 가장 필요한 에너지는 태양의 빛 에너지입니다. 그런데 밤이 되면 빛 에너지를 얻을 수가 없게 되는 것입니다.

밤 동안 식물은 낮에 만들어 놓은 녹말을 식물의 몸 전체로 이동시킵니다. 이 과정에서 식물은 산소를 받아들이고 사람과 똑같이 이산화탄소를 내놓게 됩니다. 식물의 몸 전체로 이동하여 성장에 사용되고 남은 녹말은 여러 가지 형태로 저장됩니다.

과일 나무의 경우에는 과일에 녹말을 저장하고, 감자나 고구마는 땅속 줄기에, 당근이나 무는 뿌리에 녹말을 저장합니다.

놀라운 상식 백과

삼림욕이란?

낮에 숲 속에 들어가면 상쾌해지는 기분을 느꼈을 것입니다. 이것은 숲 속의 나무와 풀들이 산소를 내뿜고 있기 때문입니다. 우리가 매일 마시는 산소인데 왜 새삼스럽게 상쾌하냐고요?

도시에 사는 사람들은 산소를 마신다고 말할 수 없습니다. 자동차가 내뿜는 배기 가스, 공장 연기 등 여러 가지 매연에서 나오는 기체와 사람들이 숨쉬면서 내뿜는 이산화탄소를 함께 마시는 것이지요. 하지만 나무가 많은 숲에서는 순수한 산소를 마실 수 있습니다. 그렇기 때문에 상쾌한 기분을 느낄 수 있는 것입니다.

세상에서 가장 큰 숲

세계에서 가장 큰 숲은 러시아의 '타이가' 입니다. 러시아는 추운 나라이기 때문에 추위에 잘 견딜 수 있는 소나무, 측백나무, 노송나무, 삼나무 등이 많이 자라고 있어요. 타이가는 세계 전체 숲 면적의 4분의 1을 차지하고 있는데 숲의 끝에서 다른 끝까지 가려면 제트기로 8시간 반이나 걸립니다. 이 숲은 땅이 질척거려서 꼭 장화를 신고 들어가야 합니다. 이 숲에는 사슴, 토끼, 다람쥐 등의 동물이 살고 있는데 날씨가 너무 추워서 이 동물들의 천적인 뱀은 거의 찾아볼 수 없습니다.

선인장에는 왜 가시가 있을까요?

    선인장들은 매일 곤혹스러웠어요. 수분이 많이 저장되어 있는 굵은 줄기를 낙타가 먹어 치우거든요. 오늘도 낙타는 어김없이 찾아와 선인장 세 개를 먹어 치웠어요.
    "너희들은 밤에 와서 먹을게."
    낙타는 남은 선인장들에게 이 말을 남기고 노래를 부르며 돌아갔어요.
    "아~ 이렇게 낙타 밥이 되어 나의 일생을 마쳐야 하나?"
    "좋은 방법이 있을 거야. 잘 생각해 봐."
    둥근 모양의 선인장과 나뭇가지 모양의 선인장은 살아남을 방법을 생각했어요. 이 때 고슴도치가 지친 모습으로 지나가고 있었어요. 선인장들은 좋은 생각이 떠올랐어요.
    "고슴도치야, 목마르지 않니? 우리는 줄기에 물을 많이 갖고 있거든. 이 물을 너에게 줄 테니까 그 가시 좀 빌려 줄래?"
    선인장들이 고슴도치에게 다가가 다정하게 말했어요. 이 말을 들은 고슴도치는 얼른 등에 난 가시를 주고 선인장 물을 꿀꺽꿀꺽 먹었어요. 선인장들은 고슴도치가 준 가시를 온몸에 꽂았어요. 드디어 밤이 되었어요. 낙타는 어김없이 나타나 선인장들을 먹어 치울 기세였어요.
    "오호호~ 오래 기다렸지. 내가 맛있게 먹어 줄게."
    낙타는 둥근 모양의 선인장을 한입에 넣었어요. 그런데 낙타 얼굴이 붉으락푸르락해지더니 입에 넣었던 선인장을 뱉고 꽁지 빠지게 도망을 쳤어요. 그 때부터 선인장들은 온몸에 가시를 만들어 동물들이 줄기를 파 먹지 못하도록 했대요.

❖ 식물의 구조와 기능

덕보의 보리밭 매기

옛날 어느 산골에 부지런한 아버지와 늦둥이 아들 덕보가 살고 있었습니다. 두 식구 살기도 빠듯한 살림이라 아버지는 매일매일 열심히 일을 했지만 아들 덕보는 철없이 놀 궁리만 했습니다. 아버지는 그래도 늦게 얻은 자식 덕보가 사랑스럽기만 했습니다. 하루는 아버지가 보리밭에 덕보를 세워 두고 말했습니다.

"덕보야, 보리는 떡잎이 하나 올라오는 외떡잎 식물이라 나중에 자라면 잎이 길고 잎맥이 나란한 나란히맥이란다. 잎맥은 양분이나 수분이 지나가는 길로 줄기의 관다발에 이어져 있지. 강아지풀, 옥수수, 벼도 같은 종류란다."

난데없이 보릿잎이 어쩌고 수숫잎이 어쩌고 하는 설명에

덕보는 의아해할 뿐입니다.

"그런 건 알아 뭐 해요. 보리쌀이 동그란 것만 알면 되죠."

"덕보야, 네게 그걸 가르쳐 주려는 이유는……."

"히히히, 아버지 유식한 척하려고 그러시는 거죠."

"예끼 이 녀석. 허튼 소리 그만 하고 잘 들어 봐. 아버지가 네게 그물맥 이야기를 해 주는 건, 보리밭에 난 잡초를 뽑을 때 잎 모양을 보고 구분해서 뽑아야 하기 때문이야."

하지만 덕보는 아버지의 말씀을 듣기는커녕 빠져 나갈 궁리만 했습니다. 어떤 날은 날씨 핑계를 대고 어떤 날은 꾀병을 부리며 일 안 할 구실만 찾았습니다.

아버지는 걱정이 태산이었습니다.

"내가 몸져 눕기라도 하면 어쩌려고 그러니?"

"아버지처럼 건강한 분이 무슨 그런 걱정을 하세요?"

덕보는 만사 태평이었습니다.

그러던 어느 날, 설마 했던 일이 실제로 일어났습니다. 아버지가 몸이 아파 자리에 눕게 된 것입니다. 아버지는 자리에 누워서도 보리밭이 걱정되었습니다.

"덕보야. 이제 내가 다시 일어나지 못하면 네가 논과 밭을 맡아 일해야 할 텐데……. 네가 어떻게 농사를 지을지 모르겠구나. 그렇다고 내가 너에게 직접 가르쳐 줄 수도 없게 되었으니……."

아버지는 힘없이 덕보를 바라보았습니다.
"그나저나 당장 내일부터는 보리밭의 잡초를 뽑아야 하는데 어쩐다. 덕보야, 네가 할 수 있겠니?"
"네에? 제가 그걸 어떻게 해요?"
"내가 이렇게 아파서 누워 있는데도 너는 손 하나 까딱하지 않겠다는 것이냐?"
"그게 아니라 한 번도 해 보지 않은 일이니까 그렇죠."
"그러니까 이게 기회다 생각하고 한번 해 보렴."
"싫어요."
덕보는 입을 삐죽거리며 방을 나가 버렸습니다.
아버지는 며칠간 궁리 끝에 덕보를 밭으로 보낼 좋은 방법을 생각해 냈습니다.
"덕보야, 이리 와 보거라."
"왜요?"
"네가 잡초를 뽑으면 한 고랑에 다섯 냥을 쳐 주마."
"네에? 다섯 냥을요? 좋아요, 할게요."
다음 날 아침, 호미를 들고 보리밭으로 가는 덕보를 보고 마을 사람들이 수군거렸습니다.
"아니 덕보가 못 먹을 걸 먹었나 봐."
"글쎄 말이야. 생전 일이라고는 할 줄도 모르는 녀석이 호미를 들고 어딜 가는 거지?"

"설마, 일을 하러 가기야 하겠어?"

보리밭에 도착한 덕보는 밭도 매기 전에 밭고랑 수부터 세어 보았습니다.

"헤헤, 열세 고랑이나 되니 굉장한 돈이 생기겠는걸."

덕보는 절로 힘이 나서 보리밭을 매기 시작했습니다. 풀을 뽑는 대로 밭둑에 던지며 열심히 일을 했습니다. 덕보가 일을 마쳤을 때는 이미 저녁 노을이 지고 있었습니다.

"아이고 허리야. 아버지는 이렇게 힘든 일을 무슨 수로 날

마다 하신 걸까? 정말 대단하신 분이야!"

덕보는 아침 일찍 보리밭에 가서 저녁이 되어서야 집으로 돌아오기를 나흘 동안 쉬지 않고 계속했습니다.

"덕보야, 할 만하니?"

"농사일이 이렇게 힘든 줄 몰랐어요. 하지만 열심히 할 거예요. 아버지 정말로 한 고랑에 다섯 냥 주실 거죠?"

"암, 주고말고."

그런데 덕보가 보리밭을 다 매고 난 날 이웃집 농부가 헐레벌떡 아버지를 찾아왔습니다.

"덕보 아범, 있는가?"

"거 뉘시오?"

"아이고, 이 양반아. 덕보에게 일을 시키려거든 보리하고 풀이 어떻게 다른지는 가르쳐 주었어야지."

아버지는 농부의 말에 깜짝 놀랐습니다.

"그게 무슨 말이오? 우리 아들이 뭘 어쨌길래."

"자네가 밭에 한번 직접 가 보게."

힘겹게 밭으로 간 아버지는 보리밭을 보자마자 할 말을 잃고 말았습니다. 뽑으라는 잡초는 하나도 뽑지 않고 엉뚱하게도 보리만 모조리 뽑아 밭둑에 던져 놓은 것이었습니다.

'어쩐지 잘 하고 있다 했지.'

아버지는 집으로 돌아와 덕보를 불렀습니다.

"덕보야, 보리는 외떡잎 식물이라서 잎맥이 나란하고 길다고 예전에 내가 너에게 해 준 말이 기억나느냐?"
"글쎄요. 한 것 같기도 하고 안 한 것 같기도 한데요."
"그 때 내 말을 귀담아 듣지 않았구나. 덕보야, 보리는 잎맥이 나란히맥이고 보리밭에 나는 잡초들은 대개 쌍떡잎 식물이라 그물맥이다. 알고 있느냐?"
"아이 참, 아버지는 보리가 나란히맥인지 잡초가 그물맥인지 제가 알아서 뭐 해요? 어쨌든 보리밭을 다 맸으니까 돈이나 얼른 주세요."

덕보는 무조건 고집을 부렸습니다. 참다못한 아버지가 버럭 화를 냈습니다.

"이 녀석 덕보야. 내가 보리밭을 매라고 할 때는 잡초를 뽑으라는 것이지 보리를 몽땅 뽑으라는 것이 아니다."
"누가 보리를 뽑았다고 그래요? 전 잡초를 뽑았다고요!"

아버지는 보리밭 둑에 던져 놓아 시들어 버린 보리를 한 움큼 내보였습니다.

"자, 잎이 길고, 잎맥이 나란한 걸 보니 뭐 같으냐?"
"나란히맥이면…보리겠죠."

덕보가 풀이 죽은 목소리로 말했습니다.

"넌 잡초를 뽑은 게 아니라 보리를 몽땅 뽑았으니 돈을 줄 수가 없다. 게다가 올 일 년 농사를 망쳤으니 일 년 식량은 네가 책임지거라. 나도 이제 병이 들고 늙어 일을 할 수가 없으니 네가 일을 하지 않으면 우린 둘 다 굶어죽는다. 설마 애비를 굶겨 죽였단 소리를 듣고 싶진 않겠지?"
"아버지 그게 무슨 말씀이세요? 제가 어떻게 농사를 지어요. 아는 게 하나도 없는데……."
"그러게 잘 배웠어야지. 아버지가 가르쳐 줄 때 제대로 배우지 않은 네 탓이니 누굴 원망할 생각 말거라."
덕보는 울상이 되어 푸념을 늘어놓았습니다.
"괜히 헛고생만 하고 이제부터는 고생길이 열렸구나. 아이고 내 신세야. 아이고 허리야."
하지만 덕보는 몸으로 겪은 소중한 깨달음 덕분에 그 뒤 부지런하고 영리한 농부가 되었습니다. 그리고 예쁜 색시를 맞아 행복하게 살았답니다.

 **궁금증 해결**

나란히맥과 그물맥 식물의 차이는?

 식물의 잎은 크게 잎몸, 잎자루, 턱잎의 세 부분으로 나뉩니다. 잎몸에는 많은 맥이 있고, 잎자루는 줄기에 연결되어 있으며, 턱잎은 잎자루에 붙어 있는 부분입니다.

 잎몸의 맥은 크게 나란히맥과 그물맥 두 종류로 나눌 수 있습니다.

 나란히맥 식물의 잎을 보면 모양도 길쭉한데다 잎맥이 나란히 있습니다. 잎을 찢어 보면 결을 따라서 가늘게 찢어집니다. 이런 나란히맥은 외떡잎 식물에서 흔히 볼 수 있습니다.

 그물맥 식물은 대부분 잎이 둥글거나 넓적한 모양이고 잎맥은 그물 모양으로 얽혀 있습니다. 잎을 찢어 보면 그물 모양으로 산산 조각이 납니다. 주로 쌍떡잎 식물에서 그물맥잎을 많이 볼 수 있습니다.

 그런가 하면 은행잎처럼 넓적한 모양인데도 나란히맥을 가지고 있는 식물도 있습니다. 또 봉숭아잎처럼 길쭉한 모양이면서도 그물맥을 가지고 있는 식물도 있습니다.

놀라운 상식 백과

선인장의 잎

선인장에게 무슨 잎이 있냐고요? 원래 선인장은 꽃만 예쁜 것이 아니라 잎도 자그맣고 예뻤습니다. 하지만 뜨거운 햇빛 아래서 물도 없이 버티려면 잎이 있는 것보다 없는 것이 더 낫기 때문에 잎이 모두 가시로 변한 것입니다. 잎이 물을 많이 필요로 하기 때문이지요.

또 줄기가 뚱뚱한 것도 비가 올 때 물을 많이 저장하기 위한 방법이라고 합니다. 사막에서 사는 선인장은 물 없이 스스로 살기 위한 방법을 많이 연구했지만 그래도 식물이기 때문에 물은 꼭 필요하답니다.

세상에서 가장 큰 풀

세상에서 가장 큰 풀은 다 자랐을 때의 키가 10층 건물의 높이가 됩니다. 이 풀은 바로 대나무이지요.

대나무는 이름이나 겉보기와 달리 풀의 종류에 속합니다. 대나무는 아주 빨리 자라서 금방 어른의 키를 넘기곤 하는데, 어릴 때는 하루에 61cm씩 자라기도 합니다. '우후죽순'이라는 말도 비 온 후 대나무의 어린순이 쑥쑥 자라는 모습을 보고 생겨난 말입니다.

대나무는 낚싯대, 배의 돛대, 가구, 종이, 건축재로 사용되고, 그릇이나 젓가락 등 생활용품으로 이용되기도 합니다.

❖ 식물의 구조와 기능

햇빛 찾아 떠난 콩나물

창 밖에 햇빛이 따사롭게 비치는 겨울 오후였습니다. 똥파리 한 마리가 콩나물 시루를 뱅뱅 돌고 있습니다. 마침 콩나물 시루에 있던 콩나물이 말을 걸었습니다.

"왕파리 아저씨 안녕하세요? 아저씨는 그렇게 큰 걸 보니 분명히 파리 중에서도 왕파리임에 틀림없어요. 그렇죠?"

콩나물이 진지하게 물었습니다.

"왕? 그래그래. 아무튼 만나서 반갑다."

똥파리는 콩나물에게 다가갔습니다.

"그나저나 너희들 콩나물은 참 안됐어."

똥파리는 한쪽 다리를 흔들며 고개를 갸우뚱거렸습니다.

"그게 무슨 말씀이세요. 전 맑은 물도 듬뿍 먹고 산소도 충분히 마시고, 따뜻한 곳에서 잘 자라고 있는데요."
"하지만 넌 저 밭에 있는 콩들처럼 푸르고 건강한 색이 아니잖아. 얼굴도 노랗고 다리도 허옇고. 이렇게 햇빛 한 자락 들어오지 않는 어두컴컴한 곳에 사니까 안됐지."

"그게 무슨 말이에요?"
"저 창문 밖에 나가 보면 잎이 무성한 줄기에 많은 콩이 매달려 있거든. 햇빛을 듬뿍 받아서 얼마나 싱싱하고 건강해 보인다고."

"햇빛이라니요?"

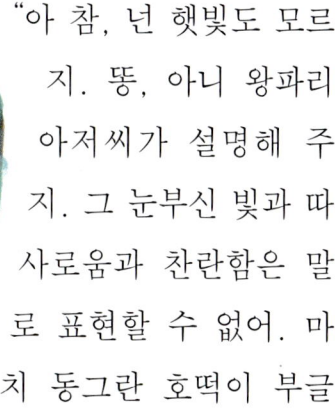

"아 참, 넌 햇빛도 모르지. 똥, 아니 왕파리 아저씨가 설명해 주지. 그 눈부신 빛과 따사로움과 찬란함은 말로 표현할 수 없어. 마치 동그란 호떡이 부글

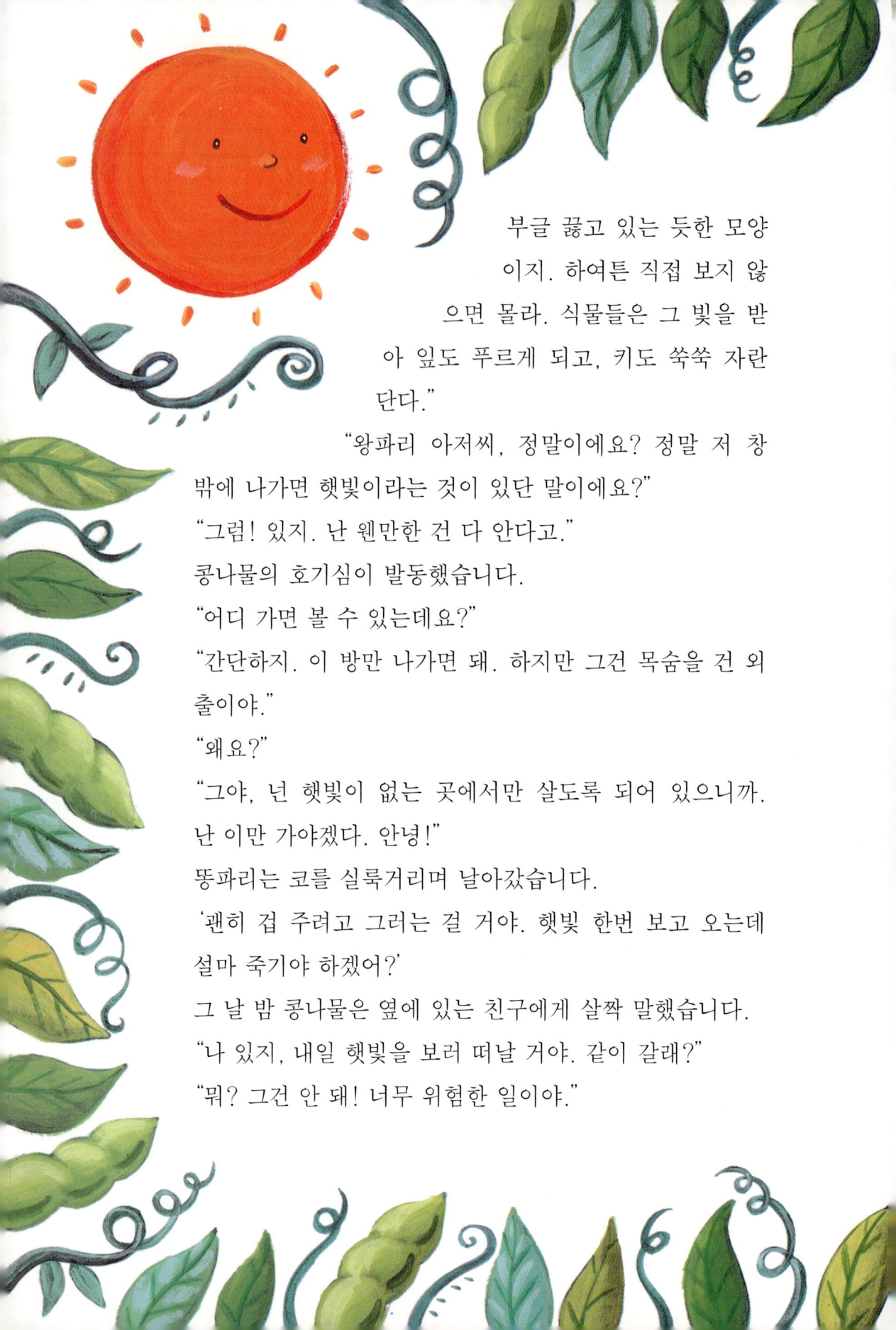

부글 끓고 있는 듯한 모양이지. 하여튼 직접 보지 않으면 몰라. 식물들은 그 빛을 받아 잎도 푸르게 되고, 키도 쑥쑥 자란단다."

"왕파리 아저씨, 정말이에요? 정말 저 창밖에 나가면 햇빛이라는 것이 있단 말이에요?"

"그럼! 있지. 난 웬만한 건 다 안다고."

콩나물의 호기심이 발동했습니다.

"어디 가면 볼 수 있는데요?"

"간단하지. 이 방만 나가면 돼. 하지만 그건 목숨을 건 외출이야."

"왜요?"

"그야, 넌 햇빛이 없는 곳에서만 살도록 되어 있으니까. 난 이만 가야겠다. 안녕!"

똥파리는 코를 실룩거리며 날아갔습니다.

'괜히 겁 주려고 그러는 걸 거야. 햇빛 한번 보고 오는데 설마 죽기야 하겠어?'

그 날 밤 콩나물은 옆에 있는 친구에게 살짝 말했습니다.

"나 있지, 내일 햇빛을 보러 떠날 거야. 같이 갈래?"

"뭐? 그건 안 돼! 너무 위험한 일이야."

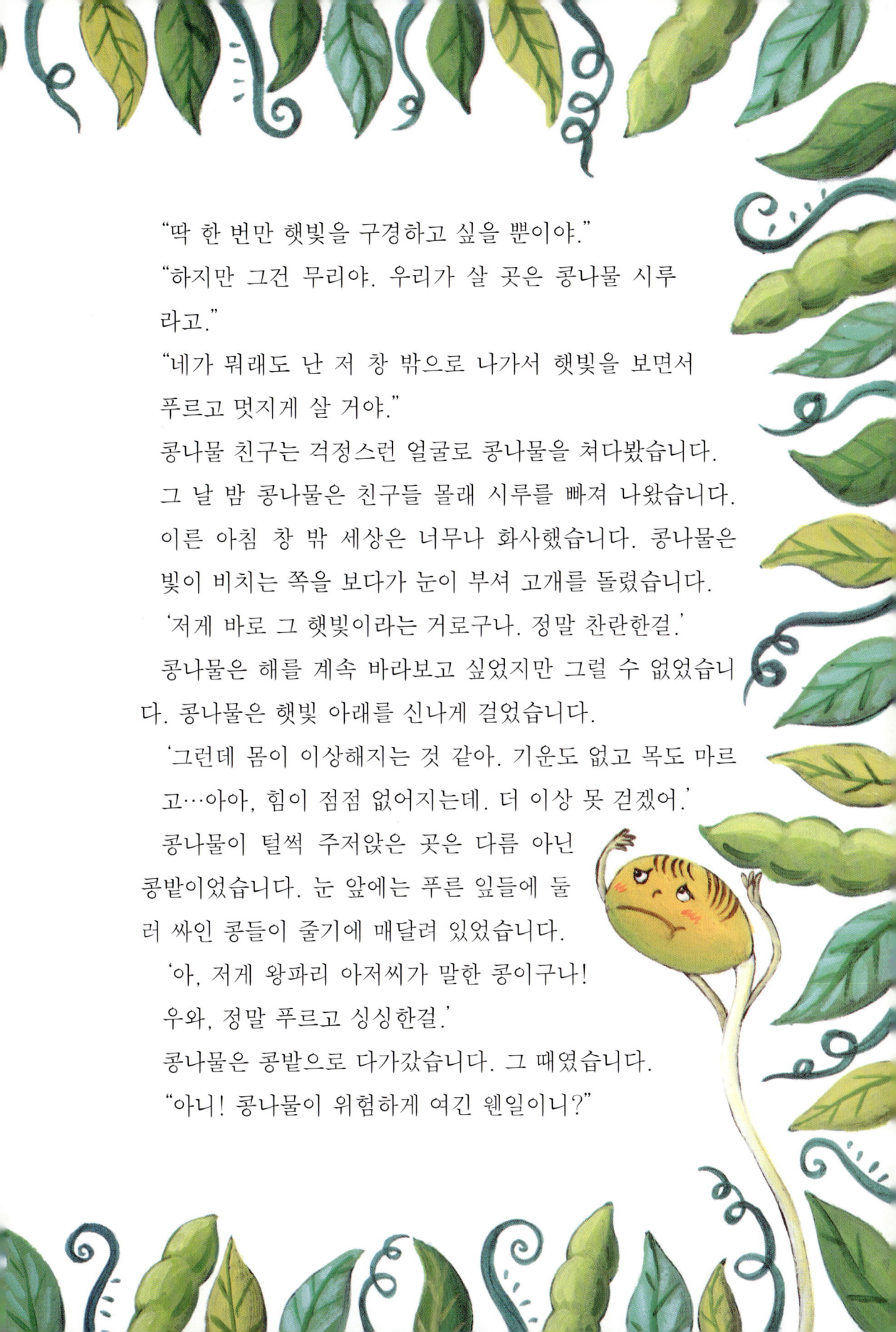

"딱 한 번만 햇빛을 구경하고 싶을 뿐이야."
"하지만 그건 무리야. 우리가 살 곳은 콩나물 시루라고."
"네가 뭐래도 난 저 창 밖으로 나가서 햇빛을 보면서 푸르고 멋지게 살 거야."
콩나물 친구는 걱정스런 얼굴로 콩나물을 쳐다봤습니다.
그 날 밤 콩나물은 친구들 몰래 시루를 빠져 나왔습니다. 이른 아침 창 밖 세상은 너무나 화사했습니다. 콩나물은 빛이 비치는 쪽을 보다가 눈이 부셔 고개를 돌렸습니다.
'저게 바로 그 햇빛이라는 거로구나. 정말 찬란한걸.'
콩나물은 해를 계속 바라보고 싶었지만 그럴 수 없었습니다. 콩나물은 햇빛 아래를 신나게 걸었습니다.
'그런데 몸이 이상해지는 것 같아. 기운도 없고 목도 마르고…아아, 힘이 점점 없어지는데. 더 이상 못 걷겠어.'
콩나물이 털썩 주저앉은 곳은 다름 아닌 콩밭이었습니다. 눈 앞에는 푸른 잎들에 둘러 싸인 콩들이 줄기에 매달려 있었습니다.
'아, 저게 왕파리 아저씨가 말한 콩이구나!
우와, 정말 푸르고 싱싱한걸.'
콩나물은 콩밭으로 다가갔습니다. 그 때였습니다.
"아니! 콩나물이 위험하게 여긴 웬일이니?"

누군가의 소리가 들렸습니다. 콩나물은 사방을 둘러보았습니다. 콩나물 가까이에 서 있는 콩 아주머니였습니다.

"아주머니, 안녕하세요? 전 콩나물인데요. 새롭고 멋진 삶을 찾아서 콩나물 시루를 떠나왔어요."

"아이고 애야. 얼른 집으로 돌아가거라."

"그게 무슨 말씀이세요?"

콩나물은 힘없는 목소리로 물었습니다. 콩 아주머니는 조용히 대답했습니다.

"콩에게는 두 가지 운명이 있단다. 나처럼 햇빛을 받으며 자라 씨를 남기는 길과 너처럼 그늘지고 따뜻하고 습도가 높은 곳에서 물을 듬뿍 먹고 자라서 콩나물이 되는 길이야. 너는 콩나물이지 콩이 아니란다. 네 몸이 점점 지치는 것도 콩나물인 네가 햇빛을 받았기 때문이야."

"하지만 저도 멋지게 살아 보고 싶은걸요."

"넌 아직 어려서 그렇단다. 오늘은 이만 자고 있다가 해가 지면 시루로 돌아가도록 해라. 친구들이 걱정하겠다."

콩 아주머니는 콩잎을 따서 지친 콩나물의 몸을 덮어 주었습니다.

"계속 햇빛을 봤다가는 더 위험해지니까 콩잎 이불을 꼭 덮고 자거라. 날 만나지 못했다면 두 번 다시 콩줄기가 되지도 못하고 파랗게 변해서 말라 죽을 뻔했잖니. 이제 와서 콩으로 살아갈 수 있는 것도 아닌데. 쯧쯧쯧."

"정말 잠을 좀 자야겠어요. 몸이 너무 아파요."

콩나물은 고개를 떨구고 쓰러지듯 잠이 들었습니다.

콩 아주머니는 콩나물을 측은하게 내려다보았습니다. 해가 서서히 지자 콩 아주머니는 콩나물을 깨웠습니다.

"이젠 가거라. 그리고 혹시 모르니까 콩잎 이불은 가지고 가거라."

지칠 대로 지친 콩나물은 터벅터벅 걸었습니다. 멀리 콩나물 시루가 보이자 콩나물의 눈에서는 저절로 눈물이 흘러내렸습니다.

'역시 내가 살 곳은 콩나물 시루구나.'

콩나물이 혼잣말로 중얼거렸습니다. 콩나물을 보고 깜짝 놀란 친구들이 시루에서 손을 마구 흔들어 댔습니다.

"어서 와. 우리가 얼마나 널 걱정했는 줄 알아? 돌아와서 반갑다."

"앞으로 다시는 너희들 곁을 떠나지 않을 거야."

부쩍 야윈 콩나물이 친구에게 포옥 안겼습니다.

궁금증 해결

콩나물은 왜 그늘에서 키우나요?

콩나물은 우리가 흔히 먹는 콩의 어린 싹입니다. 하지만 어딘가 콩과는 다르게 생겼습니다. 그 이유는 콩나물을 그늘에서 키웠기 때문입니다.

식물은 햇빛을 받아 광합성을 하고 광합성을 해야만 엽록소를 만들 수 있습니다. 하지만 콩나물은 햇빛을 볼 수 없는 그늘에서 키웠기 때문에 광합성도 하지 않고 엽록소도 만들 수 없습니다. 그래서 색깔도 노랗고 줄기도 연한 것입니다.

똑같은 콩을 응달과 양달에서 키우면 그 차이를 확실히 알 수 있습니다. 햇빛을 받고 자란 콩은 줄기도 굵고 잎도 초록색으로 변합니다. 그리고 햇빛을 더 많이 받기 위해 잎도 많이 납니다.

응달에서 자란 콩은 하얀 줄기만 기다랗게 자라 있습니다. 광합성을 하지 못해 엽록소를 못 만들었기 때문이죠. 뿐만 아니라 물만 먹으며 그늘에서 자랐기 때문에 영양분을 얻을 수 없어 줄기는 아주 연합니다.

왜 콩나물은 굳이 그늘에서 키우는 것일까요? 그 이유는 콩나물을 부드러운 상태로 먹기 위해서입니다. 만일 콩나물이 튼튼하고 억세다면 질겨서 맛이 없을 것이 분명하니까요.

놀라운 상식 백과

햇빛을 받아도 광합성을 하지 않는 식물

모든 식물이 다 햇빛을 받아 광합성을 하는 것은 아닙니다. 그리고 모든 식물이 강한 햇빛 아래에서 잘 자라는 것도 아닙니다.

대표적인 식물이 버섯입니다. 버섯은 햇빛을 아무리 받아도 다른 색깔을 띠지 않습니다. 그냥 하얀색을 띠지요. 게다가 버섯은 햇빛을 많이 받으면 오히려 시들어 버립니다. 그래서 숲 속의 커다란 나무 아래 그늘진 곳에서만 버섯을 볼 수 있는 것입니다.

나무를 옮겨 심을 때 가지를 자르는 이유는?

식물원에 가 보면 가지가 앙상한 나무를 많이 볼 수 있습니다. 그 나무들은 곧 다른 곳으로 옮겨 심어질 것들입니다.

뿌리에서 흡수된 물은 줄기뿐 아니라, 잎, 가지, 꽃, 열매로 골고루 퍼집니다. 이 때 가지와 잎, 꽃은 아주 많은 물을 필요로 합니다.

하지만 나무를 옮겨 심을 때는 나무가 필요로 하는 만큼 충분히 물을 줄 수가 없습니다. 그래서 나무의 가지를 모두 자르는 것이죠. 나무가 제자리에 심어지고, 물과 햇빛을 충분히 받게 되면 잘린 가지에서는 다시 잎과 꽃이 피어납니다.

궁금증 해결

초원이나 숲에 동물들이 모여 사는 이유 130
흙 속엔 무엇이 있을까요? 132
악어는 왜 악어새를 쫓지 않을까요? 142
소 등에는 누가 살고 있을까요? 144
중금속은 생태계에 어떤 영향을 미칠까요? 152
죽은 동물의 사체는 어디로 가나요? 162
육식 동물과 초식 동물들은 어떻게 다른가요? 164
산성 용액과 염기성 용액 176
벌에 쏘였을 때 암모니아수를 바르는 이유는? 178
산과 염기의 중화 반응 188
물 속에서는 왜 빨리 움직일 수 없을까요? 196
물체의 운동이란 무엇일까요? 204
기차 안에서 비행기를 보면 왜 서 있는 것 같을까요? 206
천문대는 왜 산꼭대기에 짓나요? 218
해는 왜 동쪽에서 뜰까요? 220
혜성이란 무엇일까요? 228
블랙 홀이란 무엇일까요? 236
세계에서 가장 큰 섬과 폭포 238
인공 위성은 왜 떨어지지 않나요? 246
태양계란 무엇일까요? 254

놀라운 상식 백과

바닷가에서 자라는 식물 131

식물의 공생 143

기생이란? 143

풍선을 날려 보내지 맙시다 153

산업 폐기물은 무엇일까요? 153

비닐이나 플라스틱을 땅에 묻으면 안 되는 이유 163

김치도 분해되나요? 163

레몬 건전지, 오렌지 건전지 177

식초를 금속 그릇에 넣으면 안 되는 이유 177

김치를 빨리 익지 않게 하려면? 189

산성비는 왜 나쁠까요? 189

축구 선수들은 왜 발을 높이 들어올리지 않을까요? 197

방위각 재기는 어떻게 할까요? 205

가장 오래된 천문대, 첨성대 219

간의와 혼천의 219

별자리는 어떻게 만들어졌을까요? 229

달과 별은 어떻게 빛을 낼까요? 229

블랙 홀의 내부는 어떻게 생겼을까요? 237

별똥별이 지구와 부딪치지 않는 이유 237

우주선에 탄 사람의 자세는? 247

인공 위성의 종류 247

태양계의 비애 255

태양의 크기 255

❖ 생태계

욕심 많은 흰토끼

"여기도. 어어, 저기도? 우아! 이 초원에는 통통하고 맛있는 풀들이 정말 많은데? 많이 먹어 둬야지."
흰토끼는 초원을 깡충깡충 뛰어다니고 있었습니다.
"이렇게 맛난 음식들이 있는 초원이 있다니……. 친구들을 불러서 같이 먹어야지, 아니야."
흰토끼는 고개를 저었습니다.
"아냐 아냐, 나 혼자 먹을 것도 모자라는걸 뭐."
흰토끼는 새파랗고 싱싱한 풀들을 보자 문득 욕심이 생겼습니다.
"아무도 모르게 나 혼자만 먹어야지."
흰토끼는 허겁지겁 풀을 뜯어먹기 시작했습니다.

"꼭꼭 씹어서 꼴깍! 꼭꼭 씹어서 꼴깍! 아아, 이젠 배도 부른데 슬슬 집으로 가 볼까?"

흰토끼는 볼록해진 배를 어루만지며 집으로 향했습니다.

흰토끼는 매일 해가 뜨면 초원에 와서 혼자 풀을 뜯어먹고 놀다가 해가 지면 집으로 돌아가곤 했습니다. 며칠이 지나자 집을 나서는 흰토끼를 보고 검은토끼가 물었습니다.

"흰토끼야, 넌 요즘 매일 바쁜가 보구나."

"으응? 좀 바빠."

"그럼, 내가 도와 줄까?"

"아니! 아니야. 혼자서 좀 볼일이 있어."

"그래? 그럼 같이 가 줄까?"

"아냐 아냐! 나 혼자 가야 돼. 안녕!"

서둘러 뛰어가 버리는 흰토끼를 보며 검은토끼는 귀를 쫑긋 세웠습니다.

'요즘 흰토끼가 정말 이상해. 나랑 놀지도 않고…….'

한편 풀이 병들고 시들어서 초식 동물들이 하나둘 떠나 버린 초원에서 늑대 한 마리가 굶주린 배를 움켜쥐고 짐을 꾸리고 있었습니다.

"얄미운 녀석들, 아무도 나한테 초식 동물들이 다 이사갔다는 걸 얘기해 주지 않다니. 분하다!"

늑대는 서럽고 분해서 눈물까지 흘리며 풀이 싱싱하게 자라 있는 초원을 찾아 길을 떠났습니다. 이틀을 걷고 걸어 늑대의 눈앞에 드디어 넓고 푸른 초원이 펼쳐졌습니다.

"이야아! 정말 싱싱한 풀들이 가득한데. 그러면 사슴이며, 양이며, 토끼들이 아주 많겠지?"

늑대는 짐도 팽개치고 신나게 언덕을 달려 내려갔습니다. 하지만 막상 내려와 보니 동물들의 흔적이라곤 없었습니다.

"이렇게 푸르고 넓은 초원에 초식 동물 한 마리 없다니 정말 이상하군. 아이고, 배고파라."

늑대는 그만 지쳐서 바위 위에 털썩 드러누웠습니다.

"내가 초식 동물이었으면 이 풀들을 다 뜯어먹고 배불리 낮잠을 잘 수 있을 텐데. 토끼나 사슴이 이 초원에 나타나기 전까지는 굶어야 할 판이군."
늑대는 신세 한탄을 하고 있었습니다.
'배도 고픈데, 어디 한번 풀이라도 뜯어먹어 볼까?'
배고픈 늑대는 벌떡 일어나 풀을 한 움큼 뜯어 입에 넣었습니다.
"아작아작 씹어서 꿀…아이고 쓰다 써. 이런 걸 맛있다고 먹다니. 퉤퉤!"
늑대는 입에 든 풀을 모조리 뱉어 냈습니다.
"아이고 내 신세야. 하지만 이대로 굶어 죽을 순 없어."
늑대는 초원을 어슬렁거리며 돌아다니기 시작했습니다.
'혹시 누가 흘리고 간 고깃덩어리가 있을지도 몰라.'

하지만 하루 종일 걸었더니 다리만 아프고 배만 고플 뿐이었습니다. 늑대는 낮잠이나 자려고 풀이 무성하게 자라 폭신해 보이는 곳으로 갔습니다.

"흐으음, 여기서 푹 쉬어야겠다."

자리에 누우려던 늑대는 깜짝 놀랐습니다. 희고 포동포동한 토끼가 코를 골며 낮잠을 자고 있었으니까요.

"아니, 이게 웬 횡재냐? 하느님 감사합니다. 저를 불쌍히 여겨 요렇게 살찐 토끼를 내려 주시다니."

늑대는 침을 질질 흘렸습니다. 늑대가 앞발로 토끼를 잡으려 할 때였습니다.

"흰토끼야! 흰토끼야! 어서 일어나! 위험해!"

검은토끼가 헐레벌떡 달려오며 소리쳤습니다.

"무슨 일이지? 으악, 늑대다!"

흰토끼는 꿈인지 생시인지도 모르고 도망을 치기 시작했습니다.

"거기 섰거라! 이 오동통한 토끼야!"

뒤늦게 정신을 차린 늑대도 흰토끼를 쫓아 달렸습니다. 흰토끼는 풀을 뜯어먹은 힘으로 힘차게 달렸습니다.

"힘을 내. 흰토끼야."

검은토끼도 흰토끼와 함께 도망을 쳤습니다. 늑대는 있는 힘을 다해 달렸지만 사흘 동안 굶고 힘이 없어 얼마 지나지 않아 털썩 주저앉고 말았습니다.

"아이고, 다리야. 더는 못 뛰겠다."

늑대의 힘이 빠진 덕분에 흰토끼와 검은토끼는 무사히 집으로 돌아왔습니다.

"네가 어딜 가는지 궁금해서 따라가 봤더니 늑대가 널 잡아먹으려고 그러는 거야."

"미안해. 초원에 풀이 너무 싱싱하고 많아서 욕심이 생겼어. 미안해, 친구야."

"괜찮아, 네가 다치지 않았으니 다행이지 뭐."

"이젠 욕심부리지 않을게."

흰토끼는 집에 올 때 먹으려고 챙겨 두었던 싱싱한 토끼풀을 검은토끼에게 건네 주었습니다.

궁금증 해결

초원이나 숲에 동물들이 모여 사는 이유

동물들은 도시나 사막, 바다보다 초원이나 숲을 더 좋아합니다. 그래서 도시에서 여러 동물들을 발견하기란 여간 어려운 일이 아닙니다.

그 이유는 먹이 사슬 때문입니다. 동물들은 사람들처럼 먹을 수 있는 것이 다양하지 않기 때문에, 먹이가 있는 곳을 쉽게 떠날 수 없습니다.

먹이 사슬은 생산자, 1차 소비자, 2차 소비자로 이루어져 있습니다. 생산자는 말 그대로 영양분을 생산해 내고, 1차 소비자는 영양분을 가지고 있는 생산자를 먹고, 2차 소비자는 1차 소비자를 먹으면서 살아가는 것입니다.

생태계에서 생산자는 주로 식물입니다. 식물은 광합성을 해서 스스로 영양분을 만들어 냅니다. 그러면 초식 동물인 1차 소비자는 생산자가 만들어 낸 영양분을 먹고, 육식 동물인 2차 소비자는 생산자의 영양분을 먹고 자란 초식 동물을 먹습니다.

이런 먹이 사슬을 보았을 때, 동물들은 생산자인 식물이 없는 곳에서는 살 수 없다는 것을 알 수 있습니다. 그렇기 때문에 식물이 많은 초원이나 숲에 동물들이 모여 살 수밖에 없는 것입니다.

놀라운 상식 백과

바닷가에서 자라는 식물

바닷가에서는 식물이 잘 자랄 수 없습니다. 모래땅은 물기를 오래 머금고 있을 수 없어서 물이 많이 필요한 식물이 자라기에는 적합하지 않기 때문입니다. 또 바닷물은 짠물이기 때문에 식물에게는 적합하지 않습니다.

그런데 이런 어려운 조건을 이기고 바닷가에서 자라는 식물이 있습니다. 갯메꽃, 보리사초, 맹그로브가 바로 그 주인공입니다.

갯메꽃은 바닷가 모래 위에 딱 달라붙어서 자라는 덩굴 식물입니다. 나팔꽃과 비슷하게 생긴 분홍색 꽃이 피는 이 식물은 뿌리가 튼튼하고 길어서 땅 속 깊은 곳의 물기를 흡수할 수 있다고 합니다.

보리사초는 보리를 닮았다고 해서 붙여진 이름입니다. 보리사초 역시 뿌리가 강하고, 또 한 포기씩 서로 연결되어 있어서 서로에게 영양분을 보내 줄 수 있다고 합니다.

맹그로브는 바닷가에서 파도나 바람을 막아 주는 숲을 이루고 있습니다. 썰물 때는 나무의 뿌리가 모래 위로 드러나 있어서 잘 보이지만 밀물 때는 바닷물 속에 뿌리가 잠겨 있습니다.

흙 속엔 무엇이 있을까요?

흔들흔들하던 꽃이 갑자기 땡이의 눈 앞에서 흙 속으로 쏙 들어가 버렸어요. 놀란 땡이는 얼른 부엌으로 달려가 엄마에게 말했어요.

"엄마, 꽃이 땅 속으로 사라졌어."

이 말을 들은 엄마는 접시를 닦다 말고 대답했어요.

"땡이야, 흙이란 바위가 풍화 작용에 의해 잘게 부서진 것에 동·식물의 사체가 섞여 생물 작용으로 이루어진 것이란다. 그러니까 동·식물의 사체와 배설물 등은 모두 흙으로 돌아가 흙 속에 있는 토양 동물과 미생물에 의해 무기질로 분해되는 거지. 꼴깍!"

열심히 설명하던 엄마는 침을 한 번 삼킨 뒤 다시 말했어요.

"그러니까 분해 작용으로 자연은 깨끗하게 되고, 흙이 기름지게 되어서 식물이 잘 자라는 거란다. 흙은 유기물의 생산자인 동·식물과 유기물을 무기물로 분해하는 토양 생물의 중요한 활동 근거지인 거야. 그러니 아까 네가 본 꽃이 흙 속으로 들어가 버렸다고 너무 놀라거나 슬퍼하지는 말아라."

엄마의 설명을 들은 땡이가 다시 한 마디 했어요.

"그런데 어쩜 그렇게 분해 속도가 빠른 거죠? 꽃이 흙 속으로 들어가는 데 1초도 안 걸렸거든요."

이 말을 들은 엄마는 우물쭈물하고 말았답니다.

그런데 사실은 두더지가 꽃을 꺾어서 땅 속으로 가지고 들어갔던 거였대요.

❖ 생태계

내 친구 악어새

"엉엉엉, 엉엉엉……."

숲 속 나라 아침의 평화를 깨는 울음소리가 들려 오자 옹달샘에서 세수를 하던 동물들은 모두 귀를 쫑긋 세웠습니다.

"아이고, 깜짝이야. 이게 어디서 나는 소리지?"

"누가 아픈가 봐."

"혹시 누군가 사냥꾼이 쳐 놓은 함정에 빠진 게 아닐까?"

"아니야, 울음소리는 저 쪽 호숫가에서 나는 것 같아."

"그럼 빨리 호숫가로 가 보자."

발빠른 토끼는 이미 저만큼 달려가기 시작했습니다. 다른 동물들도 세수하는 것을 멈추고 토끼를 따라 호숫가로 뛰어 갔습니다.

호수 가까이 다가가자 울음소리는 더 커졌습니다.

"아니, 악어 아냐?"

울음소리의 주인공은 다름 아닌 악어였습니다. 워낙 성격이 고약해서 친구도 없을뿐더러 평생 눈물이라곤 한 방울도 흘리지 않을 것 같던 악어가 입을 크게 벌리고 울고 있는 모습에 동물들은 모두 깜짝 놀랐습니다.

"도대체 무슨 일이길래 저렇게 울고 있는 걸까?"

동물들은 서로 쳐다보며 수군대기만 할 뿐 섣불리 악어에게 말을 걸지 못했습니다.

"이빨이 아파, 이빨이 아파 죽겠어. 엉엉엉……."

악어가 울면서 말을 하자 동물들은 피식 웃음을 터뜨렸습니다.

"치, 겨우 이빨 때문에 그렇게 숲이 다 떠내려갈 듯이 운다는 게 말이나 돼? 그것도 악어가 말이야."

"야, 가자. 괜히 시간만 낭비했네."

동물들이 투덜대며 숲으로 돌아가려 하자 악어는 더 큰 소리로 울기 시작했습니다.

"정말 아프단 말야. 밤새도록 한숨도 못 잤어. 어제부터 아무것도 먹지 못했고. 제발 날 좀 도와 줘."

이 때 마음 착한 다람쥐가 악어에게 말했습니다.

"너보다 힘도 약한 우리가 어떻게 널 도와 줄 수 있겠니?"

"이리 가까이 와서 내 입 안을 좀 살펴 줘. 아무래도 이빨에 찌꺼기가 잔뜩 낀 것 같은데 난 손이 안 닿아서 그걸 빼낼 수가 없단 말이야."

"아, 찌꺼기가 너무 많이 끼어서 이빨이 상했구나. 그럼 빨리 이빨 청소를 해 주면 되겠네."

다람쥐가 악어 가까이 다가가려 하자 그것을 본 토끼가 재빨리 다람쥐 앞을 막았습니다.

"잠깐, 지금 저 녀석이 우릴 속이고 있는 건지도 몰라."

"속인다고?"

"그래. 이빨을 들여다보려면 저 큰 악어 입 속에 머리를 집어넣어야 할 것 아냐? 네가 머리를 넣기만 하면 한입에

너를 잡아먹고 말 거야."
토끼의 말에 모두 맞장구를 쳤습니다.
"맞아 맞아, 이빨이 아프다고 하는 건 다 속임수라고."
"우리가 그깟 속임수에 넘어갈 줄 알아? 빨리 돌아가자."
모두들 다람쥐를 잡아끌었습니다.
"하지만 저렇게 눈물까지 흘리는 걸 보면 거짓말은 아닌 것 같아."
"웃기지 마. 지난번에 내 친구도 저놈에게 속아서 잡아먹혔다고. 너도 그렇게 되고 싶니?"
토끼가 으름장을 놓자 다람쥐도 무서운 듯 우물쭈물하더니 이윽고 동물들을 따라 숲으로 돌아가 버렸습니다.
"그런 게 아니란 말야. 제발 날 좀 도와 줘."

혼자 남은 악어는 속이 상해서 동물들을 향해 더 큰 소리로 울었지만 아무도 돌아보지 않았습니다. 조금 더 시간이 지나자 숲 속 나라에도 이미 소문이 다 퍼져 버렸는지 나와 보는 동물이 하나도 없었습니다.

전날 밤을 꼬박 새운 악어는 잠시 후 그대로 지쳐 잠이 들었습니다. 아픈 이빨 때문에 입을 다물지도 못한 채 말입니다. 악어가 한창 잠에 빠져 있을 때, 작은 새 한 마리가 호숫가로 날아들었습니다.

"아, 배고파. 여긴 왜 이렇게 먹을 게 없지?"

힘없이 날갯짓을 하며 호숫가를 날던 작은 새는 입을 벌리고 자고 있는 악어를 발견하고는 가까이 다가갔습니다.

"아니, 저 속에 내가 좋아하는 먹이들이 잔뜩 있네. 그런데 어떻게 먹지? 먹고 있는 사이에 악어가 잠에서 깨면 혼이 나지 않을까? 에이, 모르겠다. 그래도 굶어 죽는 것보단 낫겠지."

마음을 정한 작은 새는 악어 입 속으로 쏙 들어갔습니다.

"아, 맛있다. 이렇게 맛있는 것이 잔뜩 있는 줄도 모르고 괜히 딴 데서 헛고생만 했구나."

작은 새는 신이 나서 악어의 이빨 사이에 낀 찌꺼기를 먹어 치우기 시작했습니다. 너무 배가 고팠던 탓에 악어의 입 안을 이리저리 뛰어다니며 순식간에 다 먹어 치운 작은 새는 배가 부르자 기분이 좋아져서 자기도 모르게 노래를 흥얼거리기 시작했습니다.

그런데 노랫소리에 잠들었던 악어가 그만 눈을 떴습니다.

"겨우 잠이 들었는데 도대체 날 깨운 게 누구야?"

화가 난 악어가 큰 소리로 말하자 작은 새는 악어의 입에서 튕겨 나와 땅에 떨어졌습니다.

"아니, 넌 누군데 내 입에서 나오는 거야? 대체 내 입에 들어가서 무슨 짓을 한 거야?"

겁에 질린 작은 새는 도망치듯 하늘로 날아오르며 말했습니다.

"죄송해요. 너무 배가 고파서 그만……."

"배가 고파서 뭘 어쨌다는 거야? 난 지금 이빨이 몹시 아프단 말야. 그래서……."

그런데 그 말을 하는 순간, 악어는 이빨이 하나도 아프지 않다는 것을 깨닫게 되었습니다.

"어, 이상하다. 조금 전까지만 해도 아파서 죽을 지경이었는데 왜 지금은 아무렇지도 않지? 아니, 이게 대체 어떻게 된 거야? 그 많던 찌꺼기들이 다 어디 갔지?"

악어는 입 안이 찌꺼기 하나 없이 깨끗하게 청소되어 있는 것을 알고 깜짝 놀랐습니다.

"작은 새야, 너 내 입 안에 들어와서 무슨 짓을 했니?"

"제가 너무 배가 고파서요, 아저씨 이빨 사이에 낀 찌꺼기를 전부 먹어 버렸어요."
"그게 정말이니?"
악어는 너무 놀라서 입을 더 크게 벌리며 물었습니다.
"네. 놀라셨다면 정말 죄송해요. 다신 안 그럴게요."
"아니야, 아니야. 네 덕분에 난 살았어."
악어가 기뻐하며 큰 소리로 웃자 작은 새는 오히려 어리둥절해졌습니다.
"작은 새야. 넌 내 이빨 사이에 낀 찌꺼기가 맛있니?"
"그럼요. 지금껏 먹어 본 어떤 것보다 맛있어요."
"좋아. 그럼 찌꺼기를 마음대로 먹을 수 있도록 해 줄 테니까 배가 고프면 언제든지 찾아와."

"정말 그래도 돼요?"

"물론이지."

"야, 신난다!"

작은 새는 기분이 좋아서 하늘 높이 날아올랐다가 악어 주위를 돌며 노래를 부르기 시작했습니다.

그 날 이후, 작은 새는 언제나 악어 가까이에서 놀다가 배가 고프면 악어 입에 내려앉아 이빨 사이에 낀 찌꺼기를 깨끗하게 먹어 치웠습니다. 덕분에 악어의 이빨은 언제나 윤이 날 만큼 깨끗해져서 더 이상 이빨이 아파 우는 일은 없게 되었습니다.

그뿐만 아니라 작은 새가 악어의 친구가 되어 주었기 때문에 친구가 없다고 외로워하지도 않았습니다.

언제나 악어 곁에 있는 새를 보게 된 동물들은 그 새를 악어새라고 부르게 되었습니다.

하지만 둘이 어떻게 친구가 될 수 있었는지는 아무도 몰랐다고 합니다.

궁금증 해결

악어는 왜 악어새를 쫓지 않을까요?

악어는 무시무시한 육식 동물입니다. 그런가 하면 악어새는 아주 작은 새입니다. 하지만 둘은 사이가 좋아서 함께 살아갑니다. 이런 관계를 공생 관계라고 합니다.

악어는 아무것이나 잘 먹는 대식가이지만 음식을 먹고 난 후 이빨에 남은 찌꺼기를 스스로 청소할 수 없습니다. 그 찌꺼기를 청소해 주는 것이 바로 악어새입니다. 악어새는 악어의 이빨에 남은 찌꺼기를 아주 깨끗하게 먹어 줍니다. 얼핏 보기에 악어의 이빨에서 찌꺼기를 찾아 먹는 악어새의 모습은 아주 위험하게 보이지만, 사실은 서로에게 도움을 주면서 살고 있는 것입니다.

이런 공생 관계는 악어와 악어새 말고도 많은 동물에서 볼 수 있습니다. 코뿔소는 갈라진 피부 틈새에 사는 진드기 때문에 고통받지만, 노랑부리소참새는 이 진드기를 잡아먹습니다.

또 바닷속의 말미잘과 집게도 서로 공생하며 살고 있습니다. 집게는 움직일 수 없는 말미잘을 먹이가 있는 곳까지 데려다 주고 말미잘은 촉수의 자세포로 집게를 보호해 줍니다.

놀라운 상식 백과

식물의 공생

　식물 중에서 공생하는 관계로 유명한 것은 콩과 뿌리혹박테리아입니다. 뿌리혹박테리아는 흙 속의 공기에서 질소를 받아들여 단백질의 하나인 아미노산을 만듭니다. 이렇게 만들어진 아미노산은 콩에게 전해지지요. 이렇게 해서 자란 콩은 광합성을 해서 만든 양분의 일부를 뿌리혹박테리아에게 건네 줍니다. 또 땅 속에 뿌리혹박테리아가 없다면 콩은 자랄 수가 없다고 합니다. 그야말로 콩과 뿌리혹박테리아는 서로 떼려야 뗄 수가 없는 관계죠?

기생이란?

　한 생물이 다른 생물로부터 양분을 빼앗으며 같이 살아가는 것을 기생이라고 합니다. 기생 동물로 가장 유명한 것은 기생충입니다. 기생충은 우리 몸으로 들어와 우리가 섭취한 영양분을 빼앗아 먹습니다.
　또 다른 기생 동물로는 소의 등에서 피를 빨아먹으며 사는 등에, 소나 돼지의 간에 기생하는 간디스토마 등이 있습니다.
　기생 식물로는 다른 식물에 기생 뿌리를 뻗어 그 식물로부터 영양분을 받아 살아가는 겨우살이와 자기의 덩굴로 다른 식물을 감아 그 식물을 말라죽게 하는 새삼 등이 있습니다.

소 등에는 누가 살고 있을까요?

등에 할아버지가 게으른 베짱이 때문에 화가 났어요.

"네 이놈 베짱아, 아직도 정신을 못 차리고 노래나 불러 대느냐! 저기서 열심히 일하는 개미가 안 보여? 설마 올해도 개미에게 빌붙어서 겨울을 나려는 건 아니겠지!"

등에 할아버지는 고래고래 소리를 질렀어요. 그리고 빨대를 치켜들며 베짱이를 혼냈어요.

"아, 알았어요."

노래를 부르던 베짱이는 기가 죽어서 얼른 날아갔어요. 베짱이의 모습이 보이지 않자 등에 할아버지는 혼잣말을 했어요.

"소리를 질렀더니 배가 고프군."

할아버지는 갑자기 빨대를 꽂더니 무엇인가를 쪽쪽 빨아먹기 시작했어요.

'히야, 참 맛있다.'

한참 먹고 있는데 무언가 등에 할아버지의 몸을 탁 쳤어요.

"너나 내 몸에 빌붙어 살지 마!"

알고 보니 등에 할아버지가 소의 등에 붙어서 피를 빨아먹고 있었던 거예요. 소의 꼬리에 한방 맞은 등에 할아버지는 그만 나동그라지고 말았어요.

등에는 집파리와 모양이 비슷하며 날개가 있어요. 등에의 큰 턱은 날카롭고, 작은 턱은 긴 바늘처럼 되어 있어요. 등에는 날아다니며 날카로운 턱으로 소의 피부를 찔러 피를 빨아먹는답니다.

❖ 생태계

불타는 중금속

 "이 곳은 화학물질 폐기장입니다. 접근하지 마십시오."
 흰 철판에 붉은 글씨로 선명하게 쓴 경고문이 붙어 있는 입구를 또 한 대의 청소차가 빠져나가고 있었습니다.
 "흐흐흐, 이제서야 자유를 찾았군."
 청소차가 쏟아 놓고 간 한 무더기의 쓰레기 속에서 소름이 오싹 돋을 만큼 음산한 목소리가 들려 왔습니다.
 "얘들아, 모두 나와라!"
 "으음, 벌써 다 도착했어요?"
 중금속의 대장 수은이 눈곱을 떼고 있는 비소에게 소리쳤습니다.
 "자알 한다. 때가 어느 땐데 게으름을 피우고 그래?"

부서진 전자제품 회로판에서 간신히 몸을 빼낸 납이 뜨거운 태양을 올려다보았습니다. 수은 대장의 명령에 따라 중금속들이 우르르 몰려 나왔습니다.

"자, 이제부터 우리의 원대한 사업을 펴기에 앞서 지옥 훈련을 실시한다!"

수은 대장은 옛날부터 '오늘의 훈련은 내일의 행복'이라는 신념을 갖고 있었습니다. 그래서 툭하면 쪼그려 뛰기 오백 번, 팔굽혀 펴기 일천 번을 실시했습니다.

하지만 수은 대장의 혹독한 훈련 덕분에 중금속들이 훨씬 강해진 건 사실이었습니다. 수은 대장의 꿈은 인간 세상을 정복하는 것입니다. 그러기 위해선 인간의 몸 속으로 들어가는 것이 제일 급한 일이었습니다. 그래서 수은 대장은 중금속들에게 침투 훈련을 시키기로 했습니다.

"오늘은 침투 훈련을 한다. 모두 위치로!"

수은 대장의 명령이 떨어지자 중금속들은 일사불란하게 줄을 섰습니다.

부대의 맨 앞에서 적의 상황을 알아 내는 임무는 납이 맡았습니다. 중금속 부대는 폐기장을 빠져 나오자 즉각 훈련을 시작했습니다.

"땅 속 침투, 실시!"

수은 대장의 말에 따라 눈 깜짝할 사이에 금속 부대가 땅 속으로 몸을 숨겼습니다.

수은 대장은 매우 흡족한 얼굴이었습니다.

"좋다. 카드뮴이 지휘하는 1조는 땅 속에 남고, 2조는 강으로 간다. 출발!"

그 때 정찰을 나간 납이 급하게 소식을 전해 왔습니다.

"대장 나와라. 전방에 호수 발견, 이상!"

"알았다. 당장 출동하겠다, 오버!"

수은 대장은 2조 대원들을 데리고 신속히 이동해 호수에 뛰어들었습니다. 호수 속에는 여러

가지 생물들이 살고 있었습니다.

"전 대원 들어라. 지금부터 제일 튼튼하고 먹음직스러운 물고기의 몸 속으로 침투한다."

수은 대장이 앞장 서서 커다란 잉어의 입으로 돌진해 들어갔습니다. 다른 중금속들이 수은 대장의 뒤를 따랐습니다. 물고기의 몸 속에 들어간 수은 대장과 중금속들은 뼈 근처에 자리를 잡았습니다. 그리고는 세포를 부수기 시작했습니다. 물고기가 괴로운 듯 몸을 흔들어 댔습니다.

"크흐흐, 몸을 떨면 우리가 떨어져 나갈 줄 알고?"

"히히히, 그러게 말이에요. 우리는 한번 생물의 몸에 들어가면 절대 빠져 나오지 않는데 말입니다."

수은 대장과 납이 손으로 입을 막으며 킥킥거렸습니다.

그 때 갑자기 잉어의 몸이 공중으로 솟구쳐 올랐습니다.

"우아 크다. 이게 잉어예요, 아빠?"

"그래, 이게 잉어란다."

잉어가 낚시에 걸려든 것이었습니다.

"아빠, 그런데 이상해요. 잉어 등이 휘었어요."

"어, 정말이구나. 이건 물이 오염되어서 그런 거야."

낚시꾼은 아쉬워하며 잉어를 불 위에 올려놓았습니다.

"잉어를 불에 구워 드시려고요?"

"아니, 태워 없애려고. 이대로 버리면 호수의 물이 계속 오염되거든."

잉어의 몸 속에서 이 말을 들은 수은 대장과 중금속들은 너무 놀라 까무러칠 정도였습니다. 계획대로라면, 인간들의 몸 속으로 들어가야 했기 때문이었습니다.

"앗 뜨거워! 대장님, 엉덩이가 빨갛게 익었어요. 어떻게 좀 해 보세요."

"으앗, 뜨거워! 나라고 무슨 수가 있겠냐?"

수은 대장이 팔짝팔짝 뛰며 소리를 질렀습니다.

"그럼 이렇게 죽어야 한다는 거예요?"

"죽긴 왜 죽어. 우리 중금속들은 천하 무적이다."

"에이, 대장님은 맨날 큰소리만 뻥뻥 치셔."

납이 수은 대장의 말을 비웃고 있을 때, 땅 속에서 낯익은 목소리가 들려 왔습니다.

"거기, 수은 대장님 아니십니까?"

"응? 이 목소리는 카드뮴!"

"네, 저 카드뮴입니다."

까맣게 그을린 수은 대장의 모습을 보고 카드뮴은 웃음을 참을 수 없었습니다.

"푸하하, 그런데 대장님 꼴이 왜 그래요?"

"말도 마. 작전대로라면 호수에 들어가 물을 오염시키고, 작은 생물의 몸에 침투, 이 생물을 더 큰 물고기가 먹고,

그 물고기를 또 사람이 먹어야 하는 건데. 너무 똑똑한 사람을 만나는 바람에 이렇게 통구이 신세가 되고 말았다."
"대장님, 그럼 저는 이제 어떻게 해야 하나요?"
"너는 땅을 오염시킨 뒤, 농작물에 달라붙었다가 사람의 몸에 침투해야 한다. 그래서 반드시 중금속 세상을 만들어야 한다, 알았나?"
"네, 알겠습니다!"

수은 대장은 결연한 의지를 다지며 빛나는 눈빛으로 카드뮴을 격려했습니다. 카드뮴도 천하 무적 중금속답게 늠름한 자세로 수은 대장에게 경례를 붙였습니다.

이윽고 불길이 거세게 타오르며 잉어의 몸이 형체도 없이 타 버렸습니다. 그와 동시에 수은 대장과 중금속 부대원들도 흔적도 없이 사라지고 말았습니다. '탁탁' 소리를 내며 타는 불 속에서는 아득한 수은 대장의 목소리가 들려 왔습니다.

"카드뮴…뒷일을 부탁한다!"

간곡하고 가련한 수은 대장의 목소리는 카드뮴을 울리기에 충분했습니다. 조금씩 꺼져 가는 불꽃 위로 카드뮴의 굳은 다짐이 흐르고 있었습니다.

"수은 대장님, 당신이 이루지 못한 꿈, 이 카드뮴이 꼭 이루고 말겠습니다. 흑흑흑!"

궁금증 해결

중금속은 생태계에 어떤 영향을 미칠까요?

인구가 많아지고 공장이 늘어나면서 자연은 점점 파괴되어 가고 있습니다. 그 중에서도 물과 공기의 오염은 동·식물에게 주는 피해를 넘어서 사람들에게까지 심각한 피해를 주고 있습니다.

납이나 카드뮴, 수은 등의 중금속은 동물의 생명에 심각한 피해를 줍니다. 이런 중금속이 사람이나 동물의 몸에 쌓여서 중독을 일으키면 병이 생기고 심하면 생명까지 잃을 수도 있습니다.

실제로 일본에서는 미나마타병이라는 무서운 병이 생기기도 했습니다. 비닐을 만드는 공장에서 나온 수은 찌꺼기가 하천으로 흘러들어 맨 먼저 물고기들이 수은에 중독되었습니다. 그리고 이 물고기를 잡아먹은 사람까지 수은에 중독되어 손가락이 비비 틀리는 끔찍한 병으로 이어졌던 것입니다.

또 일본의 한 농촌 여성에게서 처음 나타난 이타이이타이병은 뼈가 점점 약해져서 어디든 슬쩍 부딪치기만 해도 뼈가 부러지는 병입니다. 이 병의 원인도 중금속인 카드뮴인 것으로 밝혀졌습니다.

중금속이 정말로 무서운 이유는 맨 처음 생산자인 식물의 몸에 중금속이 들어가면 초식 동물의 몸에서도, 육식 동물의 몸에서도 없어지지 않고 계속 생명을 위협한다는 것입니다.

놀라운 상식 백과

풍선을 날려 보내지 맙시다

1985년 미국 뉴저지 해안에서는 길이 5미터가 훨씬 넘는 향유고래 암컷이 죽어 있는 것이 발견되었습니다. 정밀 조사를 해 본 결과 고래의 위장에서는 리본 달린 풍선이 발견되었습니다. 풍선이 다른 장기와 위장을 가로막는 바람에 고래는 먹은 음식을 소화시킬 수 없어서 목숨을 잃은 것입니다. 행사에서 풍선을 하늘 높이 띄워 보내는 모습을 많이 봤을 것입니다. 하지만 이렇게 소화가 되지 않는 물건을 함부로 버리면 동물들이 먹이인 줄 알고 먹었다가 죽기도 합니다. 우리가 무심코 버리는 쓰레기에 생태계가 파괴되는 것입니다.

산업 폐기물은 무엇일까요?

산업 폐기물은 생산 과정에서 버려지는 물건으로 타다 남은 찌꺼기나 더러운 물, 버려진 기름, 산, 알칼리, 합성 수지류 그 밖의 폐기물들을 일컫는 말입니다. 이러한 산업 폐기물에는 해로운 물질이 많이 포함되어 있어 물, 공기, 흙 등의 환경을 오염시키고, 인간과 생태계에 치명적인 피해를 주기도 합니다. 산업 폐기물은 특수한 시설이 갖추어진 곳에서 처리해야 합니다. 그렇지 않으면 그것을 처리하는 과정에서 내뿜는 매연이나 분진으로 인해 또 다른 피해를 입게 되기 때문입니다.

❖ 생태계

생선 도둑을 잡아라!

아기곰은 신이 나서 집으로 돌아오고 있었습니다.

며칠 동안 비가 내려 꼼짝없이 집 안에만 갇혀 있던 아기곰은 오랜만에 강에 나가 보았습니다. 그런데 강가에 도착하자마자 저만치서 떠내려오고 있는 큰 물고기 한 마리를 건져 올렸습니다.

"오늘 저녁은 정말 포식하겠는걸. 엄마, 아빠도 좋아하실 거야."

기분 좋게 돌아오던 아기곰은 저만치 앞에서 늑대들이 어슬렁거리고 있는 것을 발견했습니다.

"하필 늑대들이 저기 있다니 이거 야단났는걸."

아기곰은 물고기를 빼앗길까 봐 걱정이 되었습니다. 그도 그럴 것이 늑대들은 먹을 것만 보면 인정 사정 보지 않고 무조건 빼앗아 달아나기로 유명한 녀석들이었기 때문입니다. 한참 고민하던 아기곰은 일단 물고기를 어딘가에 숨겨 놓기로 결정했습니다.

"어디가 좋을까? 옳지. 이 나무 밑에 묻어 두면 되겠다."

마침 비가 그친 뒤라 땅이 촉촉하게 젖어 있어 물고기를 파묻기도 무척 쉬웠습니다.

"밤에 몰래 와서 다시 파 가야지."

물고기를 파묻은 아기곰은 시치미를 떼고 늑대들 앞을 지나 집으로 돌아왔습니다. 그런데 집에 와 보니 사냥을 다녀오신 아빠, 엄마가 먹을 것을 잔뜩 쌓아 놓고 아기곰을 기다

 리고 있었습니다. 집에 먹을 것이 많다 보니 아기곰은 묻어 놓은 물고기를 그만 깜박 잊고 말았습니다.

 그리고 며칠이 지났을까요? 먹이가 다 떨어져서 배가 고파지자 그제서야 묻어 놓은 물고기가 떠올랐습니다. 아기곰은 부리나케 나무 밑으로 달려가 물고기 묻은 곳을 팠습니다. 그런데 이게 웬일이죠? 살이 통통했던 물고기는 온데간데없이 사라지고 앙상한 뼈만 남아 있는 것이었습니다. 더구나 거기에서는 고약한 냄새가 진동하고 있었습니다.

 "대체 어느 놈이 내 물고기를 훔쳐 먹고, 이렇게 고약한 냄새까지 남겨 놨지? 내가 꼭 이 도둑놈을 잡고 말겠어."

 아기곰은 코를 움켜쥔 채 화가 나서 소리쳤습니다. 집으로 돌아온 아기곰은 어떻게 하면 도둑을 잡을 수 있을지 생각에 잠겼습니다.

"그래, 또 한 번 미끼를 던져서 잡는 수밖에 없어."

아기곰은 강으로 달려가서 작은 붕어 한 마리를 잡아 왔습니다. 붕어를 보자 먹고 싶은 마음이 굴뚝같았지만 큰 물고기를 한입에 먹어치웠을 도둑을 생각하며 꾹 참았습니다. 아기곰은 일부러 느릿느릿 걸어서 나무 아래로 갔습니다. 그리고 보란 듯이 천천히 땅을 파고는 붕어를 묻었습니다.

"자, 됐어. 이젠 도둑을 잡는 일만 남았군."

아기곰은 집으로 돌아가는 척하며 덤불 속에 몸을 숨기고는 나무 아래를 지켜 보기 시작했습니다. 눈을 커다랗게 뜨고 누군가 나타나기를 기다렸지만 개미 한 마리 지나가지 않았습니다.

몇 시간이 지나자 아기곰은 그만 지치고 말았습니다. 그 때 마침 덤불 곁을 지나가는 들쥐를 아기곰이 발견했습니다. 아기곰은 들쥐를 불러 세워 대신 망을 보게 했습니다. 들쥐는 하기 싫었지만 아기곰이 무서워서 그 날 밤을 새워 가며 대신 망을 봐야 했습니다.

이튿날에도 물고기를 훔쳐간 도둑은 나타나지 않았습니다. 다람쥐 한 마리가 잠깐 나무 아래에 오긴 했지만 도토리 하나를 따고는 금세 사라졌습니다.

그 다음 날에도 도둑이 나타나지 않자 아기곰은 잠깐 한눈을 판 사이에 도둑이 다녀간 것이 아닌가 하는 생각을 했습니다. 그래서 들쥐를 불러 누가 오나 보게 하고는 나무 아래로 가서 땅을 팠습니다.

다행히도 붕어는 그대로 있었습니다.

그런데 땅 속에 누워 있는 붕어는 이미 엊그제 잡은 그 모습이 아니었습니다. 비늘은 다 벗겨졌고 살점도 흐물흐물해졌을 뿐 아니라 고약한 냄새까지 풍기고 있었습니다.

"이번엔 또 어느 놈의 짓이야? 누가 내 붕어를 이렇게 만들었지?"

화가 난 아기곰은 들쥐를 쏘아보았습니다.

"네가 그랬지? 내가 억지로 망 보는 일을 시켰다고 어젯밤에 네가 붕어를 이렇게 만들었지?"

그 말을 들은 들쥐는 팔짝팔짝 뛰며 고개를 내저었습니다.

"제가 한 짓이 아니에요. 만약에 제가 그랬다면 들통날 게 뻔한데 어떻게 여기 올 생각을 했겠어요."

그 말을 듣고 보니 들쥐 짓은 아닌 것 같았습니다.

"그럼 도대체 누구 짓이란 말이야? 이틀 동안 한눈팔지 않고 감시했는데 아무도 땅을 파지 않았단 말야. 그런데 왜 붕어가 이 모양이 돼 있는 거야?"

아기곰은 정말 답답해서 미칠 지경이었습니다.

"그건 내가 가르쳐 주지."

어디선가 나는 소리에 고개를 들어 보니 나뭇가지에 까마귀 한 마리가 앉아서 빙글빙글 웃고 있습니다.

"네가 도둑이 누군지 안단 말이야?"

"물론 알고 있지."

"그럼 어서 말해 줘. 당장 가서 그 놈을 혼내 줄 테니까."

"그건 미생물들 짓이야."

"미생물? 그 놈들이 대체 어디 있지?"

"어디 있는지 알아도 눈에 안 보여서 찾아 낼 수 없어."

"나를 놀리는구나. 눈에 보이지도 않는 것들이 어떻게 큰 생선을 먹어치울 수 있다는 거야?"

아기곰의 말에 들쥐도 맞다고 고개를 끄덕였습니다.

"우리 까마귀가 죽은 동물을 먹으러 가면 언제나 그 놈들이 먼저 와 있지. 그 놈들은 곰팡이나 세균들인데 눈에 보이지는 않지만 공기중에 수없이 많이 떠다니고 있어. 숨을 쉴 때마다 너희들 코나 입으로도 막 들어간다고."

까마귀가 그렇게 말하자 아기곰과 들쥐는 엉겁결에 손으로 코와 입을 막았습니다.

"깍깍깍. 너무 무서워하지는 마. 너희들은 몸이 건강하니까 아무 문제 없어. 어쨌든 그 생선은 미생물들이 썩게 만들고는 분해시켜 버렸어. 그게 그 놈들이 하는 일이야.

그래서 고약한 냄새가 나는 거라고."
"그럼 그런 일을 못 하게 하려면 어떻게 해야 하지?"
"이런 바보. 그런 일은 아무도 할 수 없어."
까마귀는 아기곰 머리 위로 내려앉으며 말했습니다.
"그럼 내 먹이가 썩도록 가만 내버려 두란 말이야?"
"그러니까 썩기 전에 빨리 먹었어야지. 그리고 그 미생물들이 몽땅 없어져도 곤란하다고."
"곤란할 게 뭐가 있어. 썩는 게 없으니까 좋기만 하지."
잠자코 있던 들쥐도 아기곰 편을 들었습니다.
"정말 답답하군. 동물의 시체나 배설물이 썩지 않고 그대로 쌓이면 어떻게 될지 상상을 한번 해 보라고."
까마귀는 그 말을 마치고는 그만 날아가 버렸습니다.
"까마귀 말을 들으니 그 놈들도 꼭 필요할 것 같은데요."
까마귀가 날아간 하늘을 올려다보며 들쥐가 말했습니다.
"에이 모르겠다. 어쨌든 이 붕어는 그 놈들이나 실컷 먹으라고 해."
아기곰은 썩어 가는 붕어를 집어던지고는 투덜거리며 집으로 돌아갔습니다.
"다음에는 잡자마자 먹어 버릴 테야. 그 놈들이 얼씬도 못 하도록."
아기곰은 굳게 결심했습니다.

궁금증 해결

죽은 동물의 사체는 어디로 가나요?

죽은 동물의 사체를 땅에 묻으면 계속해서 땅 속에 남아 있을까요? 정답은 '아니다' 입니다. 죽은 동물의 사체를 땅에 묻어 두면 여러 미생물들에 의해서 흔적도 없이 사라집니다. 바로 땅 속에서 썩는 것이지요.

만일 생물이 썩지 않는다면 어떻게 될까요?

아마 생태계에 어마어마한 혼란이 일어날 것입니다. 생물이 썩는 것은 곰팡이나 세균과 같은 미생물 덕분입니다. 봄이나 여름에 농촌을 지나가다 보면 코를 찌르는 듯한 퇴비 냄새를 맡을 수 있습니다. 퇴비는 식물이나 동물의 배설물이 썩어서 만들어진 것입니다. 미생물에 의해서 썩은 이런 동물이나 식물은 새로 자라는 식물에게 좋은 영양분이 됩니다.

들이나 산에서 나무나 풀이 잘 자라는 것도 이 미생물 때문입니다. 곳곳에 널려 있는 낙엽이나 동물의 사체, 배설물들이 미생물에 의해 분해되고 이것이 식물들에게 영양을 주기 때문에 별다른 비료나 퇴비가 없어도 잘 자랄 수 있는 것입니다.

놀라운 상식 백과

비닐이나 플라스틱을 땅에 묻으면 안 되는 이유

생태계 측면에서 보면 식물은 죽어서 분해된 생물을 양분으로 삼아 자랍니다. 하지만 땅에 버려진 쓰레기들이 썩지 않고 계속 땅에 남아 있다면 식물들은 자랄 수가 없게 됩니다. 비닐이나 플라스틱을 땅에 묻으면 안 되는 것은 바로 이런 이유에서입니다. 아무리 미생물이 많아서 모든 것이 분해된다고 해도 비닐과 플라스틱은 분해되지 않습니다. 땅 속에서 몇백 년이고 썩지 않고 그대로 있으면서 식물들이 잘 자랄 수 없도록 방해하는 것입니다.

김치도 분해되나요?

우리가 먹는 김치도 사실은 미생물에 의해 분해된 것입니다. 동물이나 생물이 죽어서 분해되면 먹을 수 없는데, 왜 김치는 먹어도 되는 것일까요? 김치를 분해시키는 미생물은 유기산과 젖산을 만들어 냅니다. 유기산은 김치의 맛을 더욱 시원하게 하고, 젖산은 장 속에 나쁜 균을 없애서 건강하게 해 줍니다. 또 속이 울렁거릴 때 김치를 먹으면 울렁거림을 가라앉혀 주고 입맛을 돋우어 줍니다.

생물을 분해시키는 미생물은 세균과 악취를 만들기도 하지만 이렇게 좋은 일도 많이 한답니다.

초식 동물과 육식 동물들은 어떻게 다른가요?

오늘은 땡이가 숲 속에서 교관에게 교육을 받고 있어요.
"이번 임무는 초식 동물과 육식 동물을 다섯 마리씩 잡아 오는 것이다. 알겠나? 실시!"
땡이는 먼저 초식 동물들을 잡으러 다녔어요.
'초식 동물은 식물을 먹고 사는 동물이지.'
땡이는 먼저 염소와 코알라를 잡았어요. 이번에는 잠자리채를 들고 토끼를 따라다니는데 생각처럼 쉽지가 않은 것 같네요. 토끼를 한참 따라다니던 땡이는 간신히 토끼를 잡았어요. 그리고 나무 뒤에 숨어 있던 기린까지 잡아 철창에 가둬 놓았어요. 그런데 이게 웬일이에요? 육식 동물을 잡으려다가 그만 사자와 뱀에게 쫓기는 신세가 되었어요. 하지만 여기서 물러설 땡이가 아니죠. 수단과 방법을 가리지 않고 다른 동물들을 잡아먹는 육식 동물들을 하나하나 잡기 시작했어요. 땡이가 잡은 육식 동물은 사자, 뱀, 호랑이, 독수리였어요.
"네 마리씩밖에 못 잡았으니 어쩜 좋지. 한 마리씩을 어디서 잡는다?"
땡이는 머리를 긁적거렸어요. 한참 생각하던 땡이는 어디선가 아저씨 한 분을 데리고 왔어요.
"아니, 이 아저씨는 왜 데리고 왔나?"
교관이 땡이에게 물었어요. 그 때 땡이가 한 말.
"이 아저씨가 고기를 쌈에 싸 먹고 있어서 모셔 왔어요."
땡이는 상추도 먹고 고기도 먹는 그 아저씨가 초식 동물이자 육식 동물이라고 생각한 것이죠.

❖ 산과 염기의 성질

토순이의 꾀병

토순이는 이불을 머리끝까지 뒤집어쓰고 끙끙 신음 소리를 내기 시작했습니다.
"아이고, 머리야, 콜록콜록, 콜록콜록, 훌쩍."
토순이의 기침 소리는 집 밖에까지 들릴 만큼 컸기 때문에 토순이가 감기에 걸렸다는 소문은 금세 퍼졌습니다. 이 소문을 들은 숲 속의 동물 친구들은 서둘러 토순이의 집을 찾아왔습니다.
"토순이가 앓는 소리가 대문 밖까지 들리네."
"많이 아픈가 봐. 빨리 들어가자."
동물 친구들은 토순이의 집으로 들어갔습니다.
"많이 아프니? 어쩌다가 감기에 걸렸니?"

"안 그래도 빨간 눈이 더 빨개졌네."

토순이는 친구들을 보고는 무척 반가워했습니다.

"이렇게 와 줘서 고마워. 그런데……."

토순이는 눈을 두리번거리며 말했습니다.

"그런데 모두들 빈손으로 왔어?"

토순이는 문병 오면서 뭘 사 갖고 오지 않았나 궁금했던 것입니다. 평소에도 공짜만 좋아하는 토순이가 그냥 넘어갈 리 없죠.

"우리가 빈손으로 올 리가 있니?"

다람쥐가 메고 온 가방을 열자 가방엔 도토리가 가득 들어 있었습니다.

"이거 따느라고 얼마나 힘들었는지 아니?"

다람쥐가 어깨를 으쓱하며 말했지만 토순이는 도토리가 별로 마음에 들지 않는 듯 거들떠보지도 않았습니다.

"난 네가 좋아하는 당근을 가져왔어."

두더지가 당근밭에서 캐 온 당근을 쑤욱 내밀었지만 역시 토순이는 시큰둥한 표정이었습니다.

"난 치즈를 몰래 훔쳐 오느라 하마터면 잡힐 뻔했다고."

아기쥐가 치즈를 건네자 토순이는 한숨을 내쉬고는 이불을 머리끝까지 뒤집어써 버렸습니다.

"왜 그래? 우리가 가져온 음식이 마음에 안 드는 거야?"

이불 속에서 토순이의 볼멘소리가 들려 왔습니다.

"난 오렌지 주스가 먹고 싶단 말야."

"오렌지 주스? 하지만 그건 만들기가 힘든데……."

"맞아. 아랫마을까지 내려가서 오렌지를 따 와야 하고."

"그걸 또 갈아서 즙을 내야 하잖아."

친구들은 곤란한 듯 우물쭈물 말했습니다.

"하지만 난 오렌지 주스 말고는 아무것도 먹고 싶지 않아. 그러니까 너희들이 가져온 건 도로 가져가."

그렇게 말하고 토순이는 휙 돌아누워 버렸습니다. 토순이의 심술에 동물 친구들은 기가 막혔지만 아무 말 않고 집을 나왔습니다.

"어떡하지?"

"아무래도 아랫마을에 가서 오렌지를 따 와야겠어. 좀 위험하긴 하지만 고집센 토순이가 굶다가 건강이 더 나빠지면 어떡해."

다람쥐의 제안에 모두 고개를 끄덕였습니다.

"그럼 내가 재빨리 다녀올게."

다람쥐는 말이 끝나기가 무섭게 쏜살같이 나무 사이로 사라졌습니다.

몇 시간 후, 다람쥐가 어렵게 구해 온 오렌지를 갈아 주스를 만들어서 다시 토순이를 찾아갔습니다.

"진짜 오렌지 주스네?"

오렌지 주스를 본 토순이는 고맙다는 말도 없이 단숨에 주스를 마셔 버렸습니다.

"정말 맛있다. 감기가 다 나은 것 같아."

"맛있다니 다행이구나. 어렵게 구해 온 보람이 있어."

동물 친구들은 토순이의 모습을 보고 기뻐했습니다.

며칠 후, 토순이가 또 감기로 앓아 누웠다는 소문이 퍼졌습니다. 친구들은 모두 놀라 서둘러서 토순이의 집으로 문병을 갔습니다.

"자꾸 감기에 걸려서 어떡하니?"

토순이는 친구들이 가져간 음식들을 이번에도 거들떠보지 않고 투정을 부리듯 말했습니다.

"아, 오렌지 주스만 마시면 금방 나을 것 같은데……."

또 오렌지 주스 타령을 하는 토순이를 보자 친구들은 슬그머니 약이 올랐습니다.

"오렌지 주스를 만드는 게 어렵다는 걸 뻔히 알면서 오렌지 주스 타령만 하다니……."

"토순이가 원래 오렌지 주스를 좋아하잖아. 감기에 걸리면 입맛이 없어져서 좋아하는 것만 찾게 되어 있어."

"아니야, 좀 이상해."

두더지가 코를 벌름거리며 말하자 모두 두더지를 바라보았습니다.
"혹시 오렌지 주스가 먹고 싶어서 꾀병을 부리는 게 아닐까? 토순이는 겁이 많기 때문에 직접 아랫마을에 가서 오렌지를 따 올 자신이 없을 거야."
"그래서 감기를 핑계로 우릴 이용한단 말이야?"
동물 친구들은 모두 살금살금 토순이네 창으로 다가가 안을 살펴보았습니다.
조금 전까지 꼼짝 못 하고 누워 있던 토순이는 어느 새 방 안에서 신나게 놀고 있었습니다.
"저거 보라고."
"얄미운 토순이를 어떻게 혼내 주지?"
동물 친구들은 고민에 빠졌습니다.
"나한테 좋은 생각이 있어."
아기쥐가 눈을 빛내며 말했습니다.
"어떤 생각인데?"
"토순이가 다시는 오렌지 주스를 마실 생각을 못 하도록 아주 맛 없는 오렌지 주스를 만드는 거야. 그럼 앞으로도 꾀병 따윈 부리지 않겠지?"
"그런데 어떻게 하면 맛 없는 오렌지 주스를 만들지?"
"설탕이나 소금을 넣을까?"

"그럼 우리가 장난친 걸 금방 알 거야."
동물 친구들은 각자 골똘히 생각에 잠겼습니다.
"생각났다!"
이번에도 아기쥐였습니다.
"이건 내가 학교 과학실 천장에서 살 때 들은 이야긴데, 오렌지 주스에 탄산수소나트륨을 넣으면 신맛이 없어진 대. 오렌지 주스야 신맛으로 먹는 건데 신맛이 없어지면 무슨 맛이 있겠니?"
"오렌지 주스 맛이랑 탄산수소나트륨이랑 무슨 상관이 있는데?"
두더지가 물었습니다.
"나도 잘 생각은 안 나지만…우리가 먹는 과일 중에 사과, 포도, 귤, 살구, 복숭아, 오렌지 등은 성질이 산성이고 탄산수소나트륨은 염기성이래. 산성은 신맛이 나고 염기성은 쓴맛이 나는데, 이 두 가지를 섞으면 아무 맛도 나지 않는 중성이 되는 거야. 그러니까 오렌지 주스에 탄산수소나트륨을 넣으면 신맛이 사라져서 아주 맛 없는 오렌지 주스가 될 거야."

아기쥐의 설명을 듣고 보니 그럴 것도 같았습니다.

일단은 아기쥐의 의견에 따르기로 했습니다. 아기쥐는 학교 과학실로 숨어 들어가서 탄산수소나트륨을 구해 왔고 다람쥐는 아랫마을로 내려가 오렌지를 구해 와 주스를 만들었습니다.

"이 하얀 가루가 그 염기성인지 뭔지란 말이야?"

"빨리 넣어 보자."

탄산수소나트륨 가루를 오렌지 주스에 넣자 부글부글 거품이 끓어올랐습니다.

"야, 이렇게 거품이 나면 어떡해?"

"이건 곧 없어질 거야. 이건 이산화탄소래."

잠시 후 정말 거품이 사라졌습니다. 동물 친구들은 돌아가며 조금씩 오렌지 주스의 맛을 봤습니다.

"어, 정말 아무 맛이 없는데?"

"신기하다!"

"이걸 빨리 토순이에게 갖다 주자."

친구들은 신이 나서 토순이네 집으로 달려갔습니다.

토순이는 친구들이 찾아가자 다시 아픈 척 이불을 뒤집어썼습니다.

"토순아, 우리가 오렌지 주스를 구해 왔어. 빨리 마셔."

"정말 고맙다. 역시 너희들밖에 없어."

토순이는 아기쥐가 건네 주는 오렌지 주스를 쪽쪽 빨아먹다가 이상한 표정을 지었습니다.

"아니, 맛이 왜 이래?"

"뭐가 어떤데?"

"아무 맛도 안 나잖아."

"그럴 리가 없어. 우리가 분명히 오렌지를 직접 따 와서 만들었단 말이야."

"너희들도 한번 먹어 봐."

토순이가 주는 오렌지 주스를 받아 마시며 친구들은 모두 맛있다는 표정을 지었습니다.

"야, 정말 새콤달콤한 게 맛있다."

"그럴 리가 없는데……."

토순이는 당황한 표정으로 계속 오렌지 주스를 조금씩 마시다가는 결국 포기했습니다.

"맛이 없어서 도저히 못 먹겠어."

"우리가 얼마나 어렵게 구해 온 건데. 너 이럴 수 있니? 어서 빨리 마셔."

"그래, 너 많이 먹으라고 우리가 잔뜩 만들어 왔으니까 이거 다 마시기 전에는 절대 안 갈 거야."

다람쥐는 뒤에 준비해 온 오렌지 주스통을 들어 보였습니다. 물론 그것도 탄산수소나트륨을 넣은 것입니다.

토순이는 울상을 지으며 억지로 오렌지 주스를 마시기 시작했습니다. 몹시 괴로운 표정이었습니다. 그것을 지켜보는 친구들은 서로 눈을 맞추며 싱긋 웃음을 지었습니다.

궁금증 해결

산성 용액과 염기성 용액

소금물이나 설탕물처럼 이미 용해가 된 액체를 용액이라고 부릅니다. 이렇게 두 물질이 섞인 용액의 종류에는 산성, 중성, 염기성 용액이 있습니다.

산성 용액은 식초나 오렌지 주스처럼 신맛이 납니다. 그리고 푸른 리트머스 종이를 붉게 변화시키는 특징도 갖고 있습니다. 또 페놀프탈레인 용액을 변화시키지 않고, 전류를 통하게 하는 특징도 있습니다.

이런 산성 용액으로 실험을 하거나 만질 때는 조심해야 합니다. 산이 많이 포함되어 있는 산성 용액은 피부를 상하게 할 수도 있기 때문입니다. 강한 염산이나 황산은 금속도 녹이기 때문에 피부에는 아주 위험합니다. 그래서 염산이나 황산을 쓸 때는 물을 많이 섞어서 묽고 연하게 만든 후 사용해야 합니다.

염기성 용액은 미끈거리고 쓴맛이 나며 붉은 리트머스 종이를 푸르게 변화시키는 특징을 가지고 있습니다. 또 페놀프탈레인 용액을 붉게 변화시키기도 합니다. 염기성 용액에는 암모니아수, 비눗물, 세제 등이 있습니다.

놀라운 상식 백과

레몬 건전지, 오렌지 건전지

건전지를 오래 두면 녹이 스는 것은 건전지 속에 들어 있는 용액이 흘러 나오기 때문입니다. 건전지 속에 들어 있는 용액은 묽은 황산 용액입니다. 이와 같이 산성 용액은 전류를 잘 통하게 합니다.

그렇다면 산성인 오렌지나 레몬도 전기가 잘 통할까요? 레몬의 양 끝에 전선을 연결해서 꼬마 전구에 불을 켜는 모습은 많이 봤을 것입니다. 오렌지는 그냥 덩어리일 때는 전류를 잘 통하지 못하지만 으깨서 즙을 많이 낸 다음 전선을 연결하면 전구에 불을 켤 수 있습니다. 용액이 많아서 흥건해지면 전류가 잘 통하는 것입니다.

식초를 금속 그릇에 넣으면 안 되는 이유

산성은 독성이 강하기 때문에 많은 것을 녹이죠. 알루미늄 판화를 할 때 판 위를 못으로 긁고 황산을 바르면 금방 거품을 내면서 녹이 습니다. 황산을 닦아 내면 못으로 긁은 부분이 깊게 패어 있는 것을 볼 수 있습니다. 식초도 강한 산성 용액입니다. 달걀 껍데기를 식초에 담가 두면 사흘도 못 가 변해 버립니다. 이런 식초를 금속 그릇에 담으면 얼마 안 지나 그릇이 녹거나 녹슬어 버릴 것입니다. 그렇기 때문에 식초는 유리병에만 넣어 두는 것입니다.

벌에 쏘였을 때 암모니아수를 바르는 이유는?

　　토끼와 곰이 숲에서 놀고 있었어요. 그런데 곰이 갑자기 나무에 매달린 벌집을 건드렸어요. 화가 난 벌들이 곰과 토끼를 따라가며 사정없이 쏘아 댔어요. 토끼는 곰을 원망했지만 곰은 너무 벌에게 쏘여서 정신 없이 달리기만 했어요. 한참 달아나던 토끼와 곰은 물 속으로 '풍덩' 빠졌어요. 그랬더니 따라오던 벌들이 포기하고 돌아가 버렸어요.

　　"어유~ 이제 살았다."

　　토끼와 곰은 안도의 한숨을 내쉬며 물 속에서 나왔어요.

　　"아이고, 아파라."

　　토끼는 벌에게 쏘인 이마를 계속 문질렀어요. 이 모습을 본 곰이 토끼에게 무언가를 내밀었어요.

　　"이걸 바르면 돼."

　　"이게 뭔데? 혹시……."

　　토끼는 의심을 하며 '킁킁' 냄새를 맡아 보았어요.

　　"암모니아수야."

　　곰은 아무렇지도 않은 듯 암모니아수를 바르고는 토끼에게 말했어요.

　　"토끼야, 벌의 독은 산성이야. 그래서 염기성 용액인 암모니아수를 바르면 산성인 독이 중성으로 변해. 그러니까 벌에 쏘인 데에는 암모니아수가 특효약이지. 어서 발라 봐."

　　"웩~ 벌에 쏘이게 하더니 이젠 암모니아수로 고문을……."

　　곰이 들이민 암모니아수 때문에 토끼는 그만 토하고 말았어요.

❖ 산과 염기의 성질

소중한 친구

"밍밍아, 그거 좀 빌려 줘."

한창 시험을 보고 있는데 칭칭이가 또 뭔가를 빌려 달라고 합니다.

"뭘 또 빌려 달라는 거야?"

"지우개!"

밍밍이는 그런 칭칭이가 이제는 귀찮아졌습니다.

"싫어."

"야, 잠깐만 빌려 줘."

칭칭이는 금방이라도 울음을 터뜨릴 얼굴로 사정을 했습니다. 밍밍이는 그런 칭칭이를 외면할 수가 없어 슬쩍 지우개를 건넸습니다.

"거기 두 사람, 뭐 하는 거야?"

밍밍이가 칭칭이에게 지우개를 막 건네려는 순간 칠판 앞에서 호랑이 눈으로 교실을 둘러보던 선생님이 소리쳤습니다. 순간 밍밍이와 칭칭이의 눈이 선생님의 눈과 딱 마주쳤습니다.

'으악, 이제 난 죽었다!'

밍밍이와 칭칭이는 가슴이 덜컹 내려앉는 것 같았습니다.

"너희들 시험 문제 답 보여 줬지?"

선생님이 다짜고짜 밍밍이에게 물었습니다.

"아니에요, 선생님. 칭칭이가 지우개 좀 빌려 달라고 해서……."

"밍밍이 말이 맞아요. 제가 지우개를 빌려 달라고 해서 받는 중이었어요."

칭칭이가 밍밍이를 거들고 나섰지만 선생님은 믿지 않았습니다.

"거짓말 마. 너희들 복도에 나가서 손 들고 서 있어."

칭칭이와 밍밍이는 할 수 없이 복도에 나가 손을 들고 있어야 했습니다.

"미안해, 밍밍아."

"관둬, 너 때문에 이게 뭐야."

칭칭이는 너무 미안해서 아무 말도 할 수가 없었습니다.

밍밍이와 칭칭이는 한 시간이나 벌을 받고 나서, 선생님 앞에서 다시 시험을 치렀습니다. 집으로 돌아오는 칭칭이의 가슴은 무겁기만 했습니다. 앞서 걸어가는 밍밍이는 너무 화가 나서 칭칭이를 쳐다보지도 않았습니다.

칭칭이가 밍밍이에게 다가갔습니다.

"밍밍아, 이제 그만 화 풀어."

"생각할수록 화가 더 나는데 어떻게 풀어? 너, 나 따라오지 마!"

밍밍이가 몸을 휙 돌리며 달아나듯 가 버리자 칭칭이는 더 슬퍼졌습니다.

그런데 집이 보이는 언덕에 가까이 갔을 때였습니다.

"엄마야, 이게 뭐야?"

언덕 아래에서 비명 소리가 들렸습니다.

분명 밍밍이의 목소리였습니다. 칭칭이는 서둘러 언덕 아래로 달려갔습니다. 밍밍이는 허공에 대고 손을 저으며 소리치고 있었습니다.

"밍밍아, 왜 그래?"

"내가 지나가는데 갑자기 벌 한 마리가 옷 속으로 들어와서는 내 팔뚝을……."

눈물을 글썽글썽 매단 채 밍밍이가 팔을 내밀어 칭칭이에게 보였습니다. 정말로 벌에 쏘인 자리는 벌써 빨갛게 부어올라 있었습니다.

"잠깐만 기다려."

칭칭이는 있는 힘을 다해 학교로 달려갔습니다.

잠시 후 칭칭이가 약병을 들고 돌아왔습니다.

"벌에 쏘인 곳을 내밀어 봐."

밍밍이가 아픔을 참느라 얼굴을 찡그리며 팔을 내밀었습니다. 칭칭이는 벌에 쏘인 부분을 약솜으로 가볍게 문질렀습니다.

"으윽, 이게 무슨 냄새야?"

"가만히 있어. 이건 암모니아수야."

"그게 뭔데, 냄새가 이렇게 지독하니?"

밍밍이가 코를 막으며 얼굴을 돌렸습니다.
"냄새는 고약해도 벌에 쏘였을 땐 암모니아수보다 좋은 게 없대."
"왜?"
"응, 벌에 쏘이게 되면 정말 아프지, 그건 벌침 속에 들어 있는 포름산이란 물질 때문이거든. 그런데 이 포름산은 산성을 띠고 있어."
칭칭이는 천으로 팔을 감싸며 설명을 계속했습니다.
"산성 물질은 염기성 물질을 만나면 중성으로 변하게 되지. 우리 피부는 바로 중성이야. 그러니까 벌침에 들어 있는 산성의 포름산을 염기성인 암모니아수로 중화시켜 피부와 같은 상태를 만들어 주는 거야. 그러면 아픈 게 훨씬 덜해지는 거지."
모처럼 자신이 좋아하는 밍밍이에게 도움을 준 칭칭이는 기분이 좋아졌습니다. 밍밍이도 칭칭이를 대견해하고 있었습니다.
"밍밍아, 이제 화가 좀 풀렸니?"
"천만에……."
말은 그렇게 했지만 밍밍이의 마음은 봄눈 녹듯이 누그러져 있었습니다.
"하지만 난 칭칭이 네가 항상 믿음직스러워."

밍밍이가 건네는 뜻밖의 말에 칭칭이의 눈이 커다랗게 변했습니다.

"야호!"

신이 난 칭칭이는 길가에 굴러다니는 깡통을 차면서 껑충 뛰었습니다. 그런데 이게 웬일이에요. 허공으로 날아오른 깡통이 공교롭게도 나뭇가지의 벌집에 탁 하고 맞는 것이 아니겠어요.

"뜨아! 큰일났다!"

윙윙 소리를 내며 날아오는 벌들에 놀란 칭칭이와 밍밍이는 달아나기 시작했습니다. 하지만 언덕을 넘어 집으로 향하는 길에서는 계속해서 칭칭이의 비명 소리가 들려 왔습니다.

"앗, 따가워!"

다음 날 칭칭이는 학교에 올 수 없었습니다. 대신 밍밍이가 그 날 배운 것을 칭칭이에게 모두 가르쳐 주었습니다.

"칭칭아, 정말 고마워."

"히히, 내가 뭘……."

눈두덩이 주먹만큼 부풀어오른 얼굴을 하고도 뭐가 그리 좋은지, 칭칭이는 입을 헤 벌리며 웃고 있었습니다.

"네가 벌에 쏘이면서도 나를 안아 줬잖아. 덕분에 난 이렇게 멀쩡하고."

"그거야 당연한 거 아니겠어. 넌 내가 제일 좋아하는 친구니까 말야."

"나도 이제부터는 툴툴대지 않을게. 네가 좋아졌거든."

밍밍이의 말에 칭칭이는 얼굴에 환한 웃음을 띠며 물었습니다.

"정말이야?"

"응, 정말!"

그 날 이후, 칭칭이와 밍밍이는 서로에게 누구보다도 소중한 친구가 되었답니다.

궁금증 해결

산과 염기의 중화 반응

산성 용액과 염기성 용액을 섞으면 산성과 염기성 모두를 잃은 중성 용액이 만들어집니다. 중성 용액은 리트머스 시험지나 페놀프탈레인 용액에 아무런 반응을 보이지 않습니다. 산성 용액의 신맛이나 독성, 염기성 용액의 쓴맛도 중성 용액에서는 나타나지 않습니다.

이런 산과 염기의 중화 반응은 우리의 생활에도 많이 이용되고 있습니다. 벌이나 개미에게 물렸을 때 암모니아수를 바르는 것도 개미나 벌의 독성인 산성을 중화시키기 위해서입니다.

제산제 역시 이러한 중화 반응을 이용한 예에 속합니다. 위에서는 음식을 분해하기 위해 위산이 분비되는데, 위산이 필요 이상으로 분비되면 속이 쓰립니다. 이 때 제산제를 먹는데 이 제산제가 바로 염기성입니다.

뿐만 아니라 산성비나 화학 비료로 호수나 땅이 산성화되어 생물이 잘 자랄 수 없을 때 염기성인 수산화칼슘을 뿌려 주기도 합니다. 그러면 그 곳은 생물이 살기에 적당한 중성으로 변하게 되는 것입니다.

놀라운 상식 백과

김치를 빨리 익지 않게 하려면?

김치가 익을 때는 유기산과 젖산이라는 산성 성분이 생깁니다. 그렇기 때문에 오래 두면 배추의 신선한 맛은 사라지고 시큼한 맛만 남게 됩니다. 만일 김치를 오래오래 신선하게 먹고 싶다면 탄산수소나트륨을 넣어 두면 됩니다. 탄산수소나트륨의 염기성은 김치에서 만들어 내는 산성을 억제하고 중화 반응을 일으키기 때문입니다.

뿐만 아니라 시큼하게 변해 버린 막걸리에 탄산수소나트륨을 넣어 두면 오랫동안 처음의 맛을 느낄 수가 있습니다.

산성비는 왜 나쁠까요?

리트머스 종이에 빗방울을 묻혀 보면 어떻게 변할까요? 아마 붉은색으로 변할 것입니다. 공기가 오염되면서 공기중의 해로운 물질이 구름이 되어 있다가 산성비로 내리기 때문이지요. 산성비는 산성을 포함하고 있어 금속을 녹일 뿐 아니라 식물들이 자라지 못하게 하는 등 모든 생명체에 해를 입힙니다.

사람들이 이 비를 맞으면 피부병이 생길 가능성도 높고, 머리도 많이 빠진답니다. 뿐만 아니라 땅이나 호수, 식물들도 모두 산성화되어서 자연 역시 훼손됩니다.

❖ 물체의 위치와 운동

괘씸한 돌

  무더운 여름날 강에서 멱을 감던 농부는 이게 웬 떡인가 싶었습니다.

  "이 돌로 맷돌을 만들어야겠군."

  맷돌을 만들기에 아주 적당한 커다란 돌을 발견한 것이었습니다. 농부는 멱을 감다 말고 물 속에서 돌을 집어 들었습니다.

  "여엉차!"

  꽤 무거울 줄 알았던 돌을 막상 물 속에서 들고 보니 별로 무겁지 않았습니다.

  물이 목까지 차올라 돌을 머리 위로 들어올릴 수도 없게 된 농부는 물 속에서 계속 돌을 들고 걸어 나왔습니다.

"별로 무겁지도 않은걸? 물에 가볍게 뜰 정도네? 정말 신기한 돌이군!"

하지만 물이 점점 얕아지자 농부는 돌이 무거워지는 것을 느꼈습니다.

'아니, 이놈의 돌이 심술을 부리나. 왜 조금 전에는 가벼웠는데 점점 무거워지는 거지?'

강물 밖으로 나올 즈음에 농부는 너무나 무거워서 그만 손을 놓고 말았습니다.

"아이고, 내 발등이야!"

농부가 손을 놓는 순간에 돌이 발등을 찍은 것이었습니다. 농부는 화가 났습니다.

"필시 이놈의 돌이 나한테 심술을 부린 것이 분명해. 내 이놈의 돌덩이를 가져다가 원님에게 일러야지. 아이고, 발등 아파라."

농부는 아픈 발을 절룩거리며 돌을 새끼줄로 묶어 질질 끌고 고을 원님을 찾아갔습니다.

"그래, 자네가 괘씸한 돌이 있어 데리고 왔다는데, 그 돌이 자네한테 무슨 일을 저질렀길래 그러는가?"

원님은 호기심어린 어조로 물었습니다.

"네 원님. 다름이 아니오라 제가 강에서 멱을 감고 있는데 큼직하고 넓적한 게 맷돌을 만들기에 아주 안성맞춤

인 돌이 있지 뭡니까. 그래서 물 속에서 그 돌을 들었습죠. 그런데 물 속에서 들었을 때는 별로 무겁지 않던 돌이 물이 얕아지면서 점점 무거워져서 그만 돌을 놓고 말았는데 그게 제 발등을 찍고 말았지 뭡니까요."
농부는 퉁퉁 부어오른 자신의 발등을 보이며 말했습니다.
"허허, 정말 괘씸한 돌이로구나. 여봐라! 그 돌을 이리로 끌고 오너라!"

강물 속에서 고요히 있던 돌은 졸지에 새끼줄에 묶여 원님 앞에 끌려온 신세가 되었습니다.

"네 죄를 네가 알렷다!"

원님이 아무리 호령을 해도 돌이 대답할 리는 없었습니다.

온 마을에 돌을 놓고 재판을 한다는 소문이 퍼지자, 이 우스운 구경을 하려고 마을 사람들이 관가로 몰려들었습니다.

"아니, 돌을 묶어 놓고 뭐 하는 게야?"

모두들 웃음을 참느라 애쓰고 있었지만 원님은 너무나 진지했습니다.

그 때 관가 앞을 지나가던 초라한 차림의 한 선비가 고개를 길게 빼고 물었습니다.

"무슨 일이기에 이렇게 마을 사람들이 모여서 킥킥거리고 있소?"

고개도 돌리지 않은 채 한 농부가 대답했습니다.

"아, 무거워졌다 가벼워졌다 하는 괘씸한 심술로 농부의 발등을 찍은 돌한테 곧 곤장을 칠 모양이오."

"예? 돌을요? 돌이 요술을 부렸단 말입니까?"

"글쎄, 그런지 안 그런지 몰라도 재미있잖소. 돌이 재판을 다 받고."

초라한 차림의 선비는 싱긋 웃었습니다. 그리고 천천히 원님 앞으로 가 정중하게 인사를 하고 말했습니다.

"과거 시험을 보려고 한양으로 올라가는 선비올시다. 돌이 매를 맞는 걸 보고 한 말씀 올리고자 하는데 괜찮겠는지요?"

원님은 아무 말 없이 고개를 끄덕였습니다.

"돌의 무게는 본래 같습니다. 다만 물 속에 있을 때와 물 밖으로 나왔을 때의 무게가 다르게 느껴지는 것뿐입니다. 물 속에서는 물의 부력이라는 것이 있습니다. 물 속에 있는 물체가 물로부터 받는 중력의 반대 방향에서 생기는 힘입니다. 그 크기는 물 속에 있는 물체의 부피, 즉 돌의 부피와 같습니다."

"그럼 돌이 요술을 부린 게 아니라 그런 과학적인 사실 때문에 그렇단 말이로군."

원님이 고개를 끄덕끄덕하자, 옆에 있던 이방도 고개를 까딱까딱했습니다.

"우리가 물에서 물장구를 치며 놀 수 있는 것도 물의 부력 때문입니다. 돌이 물 속에 있을 때 돌에는 그 돌이 차지하는 부피만큼 물의 무게에 해당하는 부력이 작용하는 것이지요. 물은 물 속에 있는 물체를 위로 끌어올리려는 힘을 가지고 있거든요. 그러니 당연히 물 밖에 나와서는 본래의 돌 무게대로 돌아오게 되고, 농부는 무거워서 손을 놓을 수밖에 없었던 것입니다."
"허허, 참으로 영특한 선비로구나. 그럼 저 돌은 아무 죄가 없구먼. 여봐라 저 선비에게 푸짐하게 한 상 차려 드려라. 그리고 어서 가서 물에 산다는 부력을 잡아 오너라."
선비는 기가 막혀서 다시 아뢰었습니다.
"원님, 부력은 잡아 올 수 있는 것이 아니라 과학적인 현상입니다. 공기를 잡아 올 수 없듯이 부력 역시 잡아 올 수도 없고 죄도 없습니다. 과학적인 현상일 뿐입죠."
"허허, 그것 참 과학적인 현상이 골치로구먼."

궁금증 해결

물 속에서는 왜 빨리 움직일 수 없을까요?

물 속에서 달리거나 걸으려고 하면 뭔가가 앞에서 턱턱 가로막는 것 같은 느낌을 받습니다. 바로 그것이 물의 저항입니다. 이 물의 저항 때문에 우리는 물 속에서 자유롭게 움직일 수가 없습니다.

물론 땅 위에서 움직일 때도 공기의 저항을 받습니다. 단지 우리가 걷는 속력이 느리기 때문에 공기의 저항을 느낄 수가 없을 뿐입니다.

덮개가 없는 스포츠카를 타고 달리면 얼굴이며 온몸에 바람이 세게 와 닿는 것을 느낄 수 있을 것입니다. 그 바람이 바로 공기의 저항입니다. 공기의 저항은 속력이 빠를수록 큽니다. 하지만 다행히 자동차는 공기의 저항을 최대한 받지 않는 유선형으로 만들어져 빨리 달릴 수 있습니다.

물의 저항은 공기의 저항보다 훨씬 큽니다. 그렇기 때문에 사람들은 물 속에서 달리거나 걷지 않고 수영을 합니다. 팔로 물을 가른 다음 그 속력을 이용해서 앞으로 나아가는 것이지요. 이렇게 하면 걷거나 뛰는 것보다 훨씬 빨리 움직일 수 있습니다.

하지만 아무리 빨리 수영을 한다고 해도 땅 위에서 달리는 만큼 빠르게 움직일 수는 없습니다. 우리 나라 최고의 여자 수영 선수였던 최윤희 선수의 100m 수영 기록도 겨우 1분 04초 62로 우리 어린이들의 100m 달리기 속도보다 느리답니다.

놀라운 상식 백과

축구 선수들은 왜 발을 높이 들어올리지 않을까요?

축구 경기하는 것을 잘 보세요. 선수들이 발을 많이 들어올리지 않는다는 것을 알 수 있습니다. 발을 많이 들어올리면 공이 더 멀리 갈 것 같지만 실제로는 그렇지 않습니다.

축구 선수들이 발을 높이 들어올리지 않는 것은 공을 더 세게, 더 멀리 차기 위해서입니다.

물체는 여러 모양으로 운동을 합니다. 그네는 왕복 운동을 하고, 실에 매단 물체를 빙빙 돌릴 때, 그 물체는 원 운동을 합니다. 던져진 공은 포물선 운동을 합니다.

공이 더 큰 포물선을 그리며 더 멀리 날아가게 하고 싶을 때에는 공을 비스듬히 던져야 합니다. 발로 찰 때도 마찬가지입니다. 멀리 가게 하려고 다리를 높이 들어올리면 공은 공중으로 붕 떴다가 뒤로 가서 떨어지게 됩니다.

❖ 물체의 위치와 운동

돌들의 달리기 경주

    오늘은 돌들의 달리기 경주가 있는 날입니다. 석현이와 석주는 아침부터 들떠 있었습니다. 그런데 아버지는 방에 앉아서 신문만 보고 계셨습니다.
    "아버지, 저희랑 경기장에 같이 가기로 하셨잖아요."
    석현이와 석주가 방문을 빠끔히 열고 말했습니다. 그러나 아버지는 묵묵 부답이었습니다. 실망한 석현이와 석주는 아무 말 없이 아버지의 얼굴만 뚫어져라 쳐다보고 있었습니다.
    "고 녀석들. 가자, 가!"
    아버지는 못 이기는 척하면서 옷을 챙겨 입었습니다.
    "이야, 신난다!"
    석현이와 석주는 합창하듯 소리쳤습니다. 그리고 얼른 자리에서 일어났습니다. 아버지는 마냥 좋아하는 석현이와 석주의 손을 잡고 집을 나섰습니다.

경기장 입구부터 사람들이 한 줄로 늘어서 있었습니다.

"이것 보세요, 아버지. 좀더 일찍 왔어야 했잖아요."

석주가 아버지에게 투덜거렸습니다.

"사실은 아버지가 미리 입장권을 사 놓았단다."

아버지는 바지 주머니에서 입장권 세 장을 꺼내서 보여 주었습니다. 그러자 입을 쑥 내밀고 있던 석주가 금세 싱글벙글 웃으며 말했습니다.

"역시 아버지는 멋지다니까요!"

아버지가 미리 사 둔 입장권 덕분에 석현이와 석주는 줄을 서지 않고 경기장에 들어갈 수 있었습니다. 드디어 달리기 경주를 할 돌 선수들이 입장을 하기 시작했습니다.

제일 먼저 몸집이 큰 갈색 돌 선수가 입장을 했습니다. 성큼성큼 걸어 나오는 갈색 돌 선수의 모습은 너무 늠름해 보였습니다. 이 모습을 지켜 보던 석현이가 말했습니다.

"저렇게 늠름한 걸 보니 갈색 돌이 일등을 할 것 같아. 나는 갈색 돌을 응원할 거야."

뒤이어 작은 회색 돌이 입장을 했습니다. 그러자 석주가 휘파람을 불며 말했습니다.

"나는 회색 돌이 이겼으면 좋겠어."

마지막으로 중간 크기의 노란색 돌이 입장을 했습니다. 그러자 아버지가 웃으면서 말했습니다.

"그럼, 아버지는 노란 돌 편이 되어야겠구나."

이렇게 해서 석현이와 석주 그리고 아버지는 각자 다른 선수를 응원하기로 했습니다. 이 때 입장이 모두 끝난 돌 선수들은 달릴 준비를 했습니다. 운동장에는 출발선이 그어져 있고, 출발선에서 100m 되는 곳에는 결승선이 표시되어 있었습니다. 돌 선수들은 결연한 표정으로 출발선에 섰습니다.

"삐익!"

경기 진행자가 호루라기를 불자 돌 선수들은 열심히 달리기 시작했습니다. 세 개의 돌은 막상막하로 달렸습니다.

"회색 돌아, 조금만 더 속력을 내!"

석주는 자리에서 일어나 흥분된 목소리로 외쳤습니다.

"갈색 돌아, 힘내!"

석현이도 목이 터져라 응원을 했습니다. 그런데 아버지는 말없이 지켜 보고만 있었습니다. 달리던 돌들이 50m 정도 가니까 기운이 없는지 속력이 느려지기 시작했습니다. 조금 있자 회색 돌이 앞장 서 나갔습니다.

"우와, 회색 돌이 일등을 하겠는걸?"

석주가 소리쳤습니다.

"안 돼. 갈색 돌아 조금만 더 힘을 내!"

석현이는 너무 안타까워서 발을 동동 굴렀습니다. 그런데 아버지는 이기고 지는 것에는 관심이 없는 듯했습니다. 그런데 이게 웬일이죠? 제일 먼저 달리고 있던 회색 돌이 갑자기 지그재그로 달리기 시작했습니다.

"어? 저렇게 달리는 게 더 빠른 건가?"

석주가 의아해하며 말하자 아버지가 말했습니다.

"석주야, 회색 돌이 기운이 다 빠졌나 보구나. 저렇게 지그재그로 달리다간 결승선에 늦게 도착하고 말 거야."

아버지의 말을 들은 석주는 다급하게 소리를 질렀습니다.

"회색 돌아, 기운 내서 똑바로 달려, 똑바로!"

하지만 회색 돌은 계속 지그재그로 달렸습니다. 그런데 이건 또 무슨 일입니까? 몸집이 크고 씩씩했던 갈색 돌도 속력이 점점 느려지더니 회색 돌처럼 지그재그로 달렸습니다.

"어? 갈색 돌도 지그재그로 달리잖아? 저러면 아버지 말씀대로 결승선에 늦게 도착할 텐데……."

석현이도 울상이 되었습니다.

"얘들아, 저기를 좀 보렴. 아버지가 응원하는 노란 돌은 꼴찌를 하고 있었는데, 꾸준하게 똑바로 달리니까 점점 다른 돌들보다 앞서 나가기 시작하잖니?"

아버지의 말을 듣고 나서 보니 정말로 노란 돌이 조금씩 앞으로 나아가고 있었습니다.

그리고 얼마 지나지 않아 노란 돌이 제일 먼저 결승선에 닿았습니다. 뒤이어 회색 돌과 갈색 돌도 결승선 안으로 들어왔습니다. 경기 진행자가 결과를 발표했습니다.

"이번 돌들의 100m 달리기 경주에서는 노란 돌이 20초로 1등, 21초에 들어온 회색 돌은 2등, 마지막으로 22초에 들어온 갈색 돌은 3등이 되겠습니다."

이 말을 들은 아버지는 그제서야 환호성을 질렀습니다.

"얘들아, 내가 응원한 노란 돌이 일등이구나. 일등이야!"

아버지는 박수를 치며 좋아했지만 석현이와 석주는 입만 쭉 내밀고 있었습니다. 아버지는 머쓱해하며 석현이와 석주에게 노란 돌이 일등한 까닭을 설명했습니다.

"너희들이 응원한 돌이 아버지가 응원한 돌보다 간 거리가 더 길었기 때문이야. 회색 돌과 갈색 돌은 지그재그로 달려서 그만큼 길이가 길어진 거지."

석현이와 석주는 그제서야 고개를 끄덕였습니다.

"똑같이 100m를 달려도 직선으로 가지 않으면 거리가 달라지는 것이군요."

석현이와 석주는 아버지와 함께 집으로 돌아오면서 말했습니다.

"우리도 삐뚤삐뚤 걷지 말고 똑바로 걷자. 그래야 더 빨리 집에 갈 거 아니야."

궁금증 해결

물체의 운동이란 무엇일까요?

물체의 운동이란 우리 주위의 움직이는 물체들이 그 위치를 변화시키는 상태를 말합니다. 여러 가지 물체의 운동의 예는 다음과 같습니다.

물레방아는 빙글빙글 돌아가는 운동을 하는데 이러한 운동을 회전 운동이라고 합니다. 회전 운동을 하는 것에는 선풍기, 전동기, 팽이 등이 있습니다. 시계추, 그네, 시소는 왔다갔다하는 왕복 운동을 합니다.

기차나 자동차 등은 곧게 앞으로 나가는 직선 운동을 합니다. 직선 운동의 예로는 평평한 바닥에 굴린 쇠구슬이 곧게 굴러가는 운동, 공을 가지고 있다가 가만히 놓았을 때 공이 떨어지는 운동, 손수레, 썰매, 100m 달리기 등을 들 수 있습니다.

공을 예로 들어 볼까요?

우선 공을 잡고 있다가 가만히 놓아 보세요. 공이 아래로 떨어지죠. 그리고 공이 회전하면서 점점 빨리 떨어질 거예요. 바닥에 떨어진 공은 튀어 올랐다가 다시 떨어져 나중에는 땅 위를 구르다가 멈출 것입니다.

이번에는 공을 곧바로 위로 던져 보세요. 던진 공은 위로 올라갔다가 다시 아래로 떨어질 것입니다. 여기서 공이 위로 올라갈 때에는 속력이 점점 느려지고, 떨어질 때에는 속력이 점점 빨라지는 걸 알 수 있습니다.

이와 같이 단위 시간에 물체가 움직인 거리를 빠르기, 또는 속력이라고 하는데 운동하는 물체의 속력은 모두 다릅니다.

놀라운 상식 백과

방위각 재기는 어떻게 할까요?

　방위각을 잴 때는 북쪽을 0°로 하고, 시계 바늘이 돌아가는 방향으로 몇 도인가를 확인합니다. 먼저 북쪽을 기준으로 45° 방향을 북동쪽이라고 부릅니다. 그리고 북쪽을 기준으로 90° 방향을 동쪽이라고 합니다. 북쪽을 기준으로 135° 방향은 남동쪽, 북쪽을 기준으로 180° 방향을 남쪽, 북쪽을 기준으로 225° 방향을 남서쪽, 북쪽을 기준으로 270° 방향을 서쪽이라고 합니다. 마지막으로 북쪽을 기준으로 315° 방향을 북서쪽이라고 합니다.

　방위각 재기를 할 때는 먼저 기준으로 정한 곳에 방위판을 놓고, 기준점과 방위판의 중심이 일치하도록 합니다. 그런 다음 방위판의 중심에 나침반을 놓고, 나침반의 바늘이 가리키는 북쪽에 방위판의 북쪽을 맞춥니다.

　끝으로 방위를 알아보려는 물체와 방위판의 중심을 잇는 직선이 가리키는 방위판의 각도를 읽습니다. 방위각을 읽을 때에는 북쪽에서 시계 바늘이 돌아가는 방향으로 돌아가면서 읽으면 됩니다.

기차 안에서 비행기를 보면 왜 서 있는 것 같을까요?

　땡이는 아버지와 함께 시골 할머니댁에 가기 위해 기차를 탔어요. 바나나도 먹고, 노래도 부르고 신이 났죠. 그런데 아빠는 계속 주무시기만 하네요.
　"우와! 비행기다. 아빠, 비행기예요."
　땡이가 기차 안에서 비행기를 보고 좋아하며 말했어요.
　"으음, 그렇구나."
　아빠는 간신히 눈을 떴다가 다시 꾸벅꾸벅 졸기 시작했어요.
　"아빠, 아빠. 비행기가 왜 가만히 있어요?"
　"그거야 두 물체의 속력 때문이지."
　아빠는 눈을 반쯤 감고 말했어요.
　"속력이 뭐예요?"
　"물체의 빠르기를 속력이라고 하잖아. 속력은 물체가 운동을 할 때, 그 운동의 빠르기를 수량으로 나타낸 거야. 물체가 움직인 거리를 운동에 걸린 시간으로 나누면 속력이 나오지."
　아빠는 간단하게 설명을 한 뒤 다시 잠을 잤어요. 이 말을 들은 땡이가 다시 창 밖을 내다보았어요. 그런데 비행기가 보이질 않았어요.
　"아빠, 비행기가 없어졌어요."
　"이 녀석아, 잠 좀 자자. 비행기가 어디 있다고 그래!"
　아빠는 귀찮게 하는 땡이의 머리를 쥐어박았어요. 땡이는 머리에 혹이 난 채 훌쩍거렸어요. 사실은 더 묻고 싶은 게 많은데 아빠는 쿨쿨 주무시기만 했거든요.

❖ 우주 속의 지구

가난한 천문학자와 딸

옛날 어느 마을에 천문학자가 살고 있었습니다. 그 천문학자는 밤만 되면 망원경 하나를 들고 높은 곳으로 올라가 하늘을 관찰하기에 바빴고, 다른 일에는 조금도 신경을 쓰지 않았습니다.

아내는 벌써 오래 전에 연구만 하는 남편을 뒷바라지하다 지쳐 멀리 떠나 버렸습니다. 하지만 하나밖에 없는 그의 딸은 아버지에게 불평 한 마디 하지 않았습니다. 삯바느질을 해서 살림을 꾸려 가면서 아버지의 연구를 위해서는 어떤 심부름도 마다하지 않았습니다. 꼼꼼히 저축해 둔 돈으로 아버지의 실험 기구들을 사기도 하였습니다.

그러던 어느 날, 천문학자가 잠옷 바람으로 온 집 안을 돌

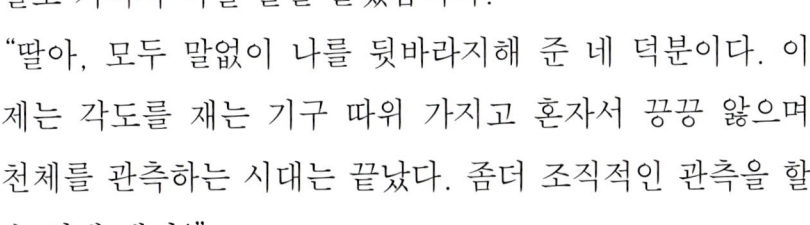

아다니며 미친 듯이 날뛰었습니다.

"드디어 설계도를 다 만들었다. 이젠 천문대를 짓는 일만 남았다!"

"아버지, 드디어 해내셨군요!"

딸도 기뻐서 어쩔 줄을 몰랐습니다.

"딸아, 모두 말없이 나를 뒷바라지해 준 네 덕분이다. 이제는 각도를 재는 기구 따위 가지고 혼자서 끙끙 앓으며 천체를 관측하는 시대는 끝났다. 좀더 조직적인 관측을 할 수 있게 됐어!"

천문학자는 서둘러 외투를 걸쳐 입었습니다.

"어딜 가시려고요. 밖에는 눈이 펑펑 내리는데……."

"얘야, 이러고 있을 게 아니라 내 저 산꼭대기에 있는 백작의 성에 좀 다녀오마. 자세히 설명하면 백작도 날 이해해 줄 거다. 안 그러냐?"

"네, 아버지. 아버지가 평생 몰두하신 일인데 설마 단번에 거절하진 않겠죠."

"오냐, 다녀오마. 넌 맛있는 수프를 끓여 놓도록 해라."

"잘 다녀오세요, 아버지."

천문학자는 신이 나서 집을 나섰습니다. 눈보라를 뚫고 성에 도착한 천문학자는 자신 있게 성문을 두드렸습니다. 그러자 성 안에 있는 개가 거칠게 짖어 대기 시작했습니다.

"누구냐!"
"네, 저 아랫마을에 사는 천문학자입니다. 드릴 말씀이 있어서요."
"감히 코브라 백작을 찾아오다니, 겁도 없구나."
"아주 중요한 일입니다, 백작님."
"돈이 되는 일이냐?"
백작이 냉정하게 물었습니다.

"그런 건 아닙니다만……."

"그럼 볼일 없다. 당장 사라져라!"

"그게 아니라 제 얘기를 들어 보시고 나서……."

"누구에게 감히 명령이냐!"

천문학자는 단번에 허락을 받으리라고는 기대하지 않았지만 맥이 빠졌습니다.

"백작님이 허락하실 때까지 여기서 기다리겠습니다."

천문학자는 백작의 문 앞에 앉아서 설계도를 꼼꼼히 체크하기 시작했습니다.

"실험실은 저 쪽에, 사진실, 분광실은 이 쪽에 있어야겠군. 그리고 연구실도 따로 마련하고……. 아, 천문대의 은빛 반구형 돔의 한 쪽 문이 열리면 별빛이 망원경 속으로 쏟아져 들어오겠지. 생각만 해도 가슴이 막 뛰는군."

성 안에서 쌍안경으로 이 모습을 내려다보고 있던 코브라 백작이 혼잣말로 중얼거렸습니다.

'듣던 대로 지독한 영감이로군.'

"여봐라, 천문학자 영감을 안으로 불러들여라!"

성 안에 들어선 천문학자는 고개를 조아렸습니다.

코브라 백작은 감히 말을 붙일 수 없을 정도로 인상이 험악했습니다.

"그래, 이 무시무시한 코브라 백작을 만나려는 간 큰 영감이 바로 당신이로군. 소문에 듣자하니 천문학에 미쳐 있다고?"

"말로 하자면 그렇습니다. 저는 천체를 관측하는 천문학이 너무 좋습니다."

"네가 좋아하는 게 뭔지 알고 싶은 게 아니다. 우리 독수리가 낮잠 잘 시간이니 용건만 간단히 말해라."

"예, 다름이 아니라 전 천문대를 지을 설계도를 수 년에 걸쳐 만들었습니다. 그런데 바로 코브라 백작님의 땅이 천문대를 짓기에 가장 적합해서 이렇게 찾아왔습니다."

"그래서?"

"천문대를 지을 땅을 저에게 파시면 땅값은 차차 갚아 나가겠습니다. 평생 연구만 하느라 돈 한 푼 모아 놓질 못했습니다만, 천문대만 지을 수 있다면 어떻게든 갚을 수 있을 겁니다."

코브라 백작은 코웃음을 쳤습니다.

"하! 돈도 없이 내 땅을 사겠다고? 말도 안 되는 소리!"

"하지만 이 늙은이의 평생 소원입니다, 제발……."

"나는 돈 없는 사람은 믿을 수가 없다. 그나저나 왜 하필이면 내 성이 있는 이 산꼭대기에다 겁 없이 천문대를 짓겠다는 거냐?"

백작은 두 눈을 부릅뜨고 침을 튀기며 말했습니다.

천문학자는 허리를 더욱 굽혀 공손히 대답했습니다.
"예. 천문대라고 하는 것은 일기나 기온차가 심하지 않은 곳에 만드는 것이 제일 좋습니다. 도시의 불빛이 닿지 않는 산꼭대기에 만들어야 하고 기상의 변화가 심하지 않으면서도 해면에서의 높이가 200미터를 넘지 않는 곳이 좋습니다. 제가 조사해 본 결과 백작님의 성이 있는 이 산꼭대기 땅이 최고로 좋은 곳입니다."
"흠흠, 허긴 옛날부터 나의 땅은 언제나 많은 사람들이 탐을 냈지. 하지만!"
백작은 의자 팔걸이를 주먹으로 쳤습니다. 천문학자는 겁이 나고 떨렸지만 말을 계속했습니다.
"천문대를 짓기만 하면 천체의 정밀한 위치를 관측함으로써 별의 위치를 측정해서 항해할 때 지도를 만드는 기초 작업이 되기도 하고…… 인류 과학 발전에도 지대한……."
"글쎄 어려운 얘기는 집어치우고 어서 나가라니까!"
백작은 단단히 화가 나서 천문학자를 내쫓았습니다. 관측이 잘 되는 곳에 최신 장비를 설치하고 천체를 관측하는 것이 평생 소원이었던 천문학자는 그만 그 꿈이 좌절되자 자리에 몸져 눕고 말았습니다.
"백작이 허락하지 않는 한 그 곳에 천문대를 지을 수 없어. 얼마나 오랫동안 설계도를 만들어 왔는데……. 아, 죽고 싶은 심정뿐이다."

딸은 아버지의 방을 나오며 마음이 무거웠습니다.

'어떻게 하면 백작의 마음을 돌릴 수 있을까?'

다음 날 아침, 딸은 아버지 몰래 코브라 백작의 성으로 갔습니다. 성 안에 들어와 두리번거리는 딸을 본 코브라 백작은 그만 눈이 휘둥그레지고 말았습니다.

'저렇게 아름다울 수가!'

하지만 곧 위엄을 갖춘 목소리로 물었습니다.

"흠, 무슨 일로 나 코브라 백작을 찾아왔습니까? 아가씨."

"다름이 아니라 저희 아버지가 천문대를 지으려고 하시는데……."

"아하! 그럼?"

"네, 제가 천문학자의 딸입니다."

"그러지 않아도 그 천문대를 짓는 일은 내가 아주 신중하게 고려를 하고 있는 중입니다만……."

코브라 백작은 애써 웃음을 지어 보였습니다.

"저희 아버지는 가난하지만 천문학에는 조예가 깊으신 분이라 당장에는 돈이 안 되겠지만 조금만 기다려 주시면 어떻게든…… 아니면 제가 이 성에서 요리도 하고 청소도 하고 시키시는 일은 뭐든지 하겠습니다."

"뭐, 그럴 것까진 없는데, 사실 나야 돈이 없는 사람도 아니고 그깟 땅 팔아 몇 푼 받는다고. 정 그렇다면 이 성에는 사람도 별로 없고 하니, 그래 주겠다면 당신 아버지의 일을 긍정적으로 다시 검토해 보겠소."
"정말입니까?"
"방금 말한 대로 요리도 하고 청소도 하고, 내 성에서 일한다면야 나로선 거절할 이유가 없지요."
"고맙습니다."
딸은 너무나 기뻐서 단숨에 집으로 뛰어왔습니다.
"아버지! 아버지! 이젠 됐어요."
"아니 그게 무슨 말이냐?"
"백작이 아버지에게 땅을 우선 주겠대요. 천문대를 지을 수 있게요."
"그게 정말이냐?"
천문학자는 언제 아팠냐는 듯이 자리를 털고 일어나 당장 천문대를 짓기 시작했습니다. 천문학자의 딸도 코브라 백작의 성에서 힘겨운 하녀 생활을 시작했습니다. 이 사실을 전혀 모르는 천문학자는 딸이 밤만 되면 녹초가 되어 쓰러지듯 잠이 들자 걱정이 되었습니다.
"너, 무슨 일이 있느냐?"
"아니에요. 아버지 그냥 요즘 좀 피곤해서요."
하루는 코브라 백작이 천문대를 짓고 있는 학자에게 다가

와 물었습니다.
"잘 되어 가고 있소?"
"덕분에 아주 잘 되고 있습니다."
"나도 자네 딸 덕분에 깨끗해진 성 안에서 맛있는 음식으로 하루하루 만족스럽소."
"아니 그게 무슨 말씀입니까? 제 딸은 지금 집에서 삯바

느질을……."

"당신 딸이 우리 성에서 일하는 대가로 내가 당신에게 땅을 내어 준 걸 몰랐단 말이오?"

"아니 뭐라고요?"

그 날 밤, 자초지종을 알게 된 천문학자는 딸이 보는 앞에서 그만 눈물을 흘리고 말았습니다.

"사랑스런 내 딸아. 아무리 내가 천문학에 미쳐 있다 하지만 내 자식보다 소중한 것은 없다. 이 애비를 용서해라. 네가 어미 없이 고생하게 된 것도 다 나 때문인데 이제는 널 팔아 내 욕심을 채우려 했으니 정말 염치가 없구나."

"아니에요, 아버지. 아버지는 이 일에 평생을 바치셨잖아요. 제발 제 걱정은 마시고 어서 천문대를 지으세요."

"절대 그렇게는 못 한다. 난 이 설계도를 만든 것만으로도 흐뭇하다. 그 동안 너한테는 조금도 신경 쓰지 못했는데 불평 한 번 하지 않는 착한 너를 이 못난 애비가 고생만 시켰구나. 미안하다."

"전 아버지가 기뻐하시는 모습을 보고 싶어요."

"오냐, 오냐. 고맙다."

"아버지!"

천문학자는 아주 오랜만에 딸의 거칠어진 손을 꼬옥 잡았습니다.

궁금증 해결

천문대는 왜 산꼭대기에 짓나요?

천문대는 말 그대로 하늘을 관측하는 곳입니다. 그래서 우리 나라뿐 아니라 세계의 천문대를 살펴보면 산꼭대기에 지어진 곳이 많습니다. 하늘을 더 자세히 관찰할 수 있기 때문이지요.

천문대를 산꼭대기에 짓는 데에는 또 다른 이유도 있습니다. 천문대를 세우기에 다른 곳이 적합하지 않기 때문입니다.

가로등이나 네온 불빛으로 밤에도 온통 번쩍거리는 도시에 천문대를 세우면 불빛 때문에 별이 잘 보이지 않습니다. 또 스모그로 하늘이 흐린 공장 지역도 천문대를 세우기에는 좋지 않습니다. 너무 높은 지역도 공기의 흐름이 달라지기 때문에 적합하지 않죠. 기상의 변화가 큰 곳에서는 오랫동안 꾸준히 별을 관측할 수 없기 때문입니다.

이런 곳을 피해서 천문대를 지으려면 산꼭대기에 지을 수밖에 없습니다. 그것도 백두산이나 한라산처럼 너무 높은 산은 안 되고 야트막한 산을 선택해야 합니다.

우리 나라의 대표적인 천문대는 소백산 관측소입니다. 또 대덕 연구 단지에는 대형 전파 망원경이 설치되어 있습니다. 둘 다 도시를 피하고 공기가 좋은 곳을 골라서 지은 것입니다.

놀라운 상식 백과

가장 오래된 천문대, 첨성대

경주에 있는 첨성대는 별을 관측했던 가장 오래된 천문대입니다. 첨성대는 신라 선덕 여왕 때 만들어진 것으로, 치마폭처럼 둥그런 몸체가 아름다운 건축물입니다. 첨성대를 짓는 데 사용된 돌은 362개이며, 중간 부분과 맨 꼭대기에는 우물정(井)자 모양의 돌이 걸쳐 있습니다. 첨성대의 안쪽에는 판석이 있고, 별을 관측할 수 있는 여러 기구들이 있었을 것으로 생각되지만, 발견된 것은 없습니다. 어떤 학자들은 첨성대의 위치가 너무 낮은 곳에 있고, 높이도 10m가 채 안 된다는 이유로 실제로는 천문대의 역할을 하지 못했을 것이라고도 합니다. 하지만 별을 관측할 수 없었다 해도 이런 건축물을 만들었다는 것은 우리의 큰 자랑거리입니다.

간의와 혼천의

장영실이 만든 최초의 천체 관측 기구 간의는 별자리의 위치와 방향, 지구상의 방위를 알아 낼 수 있는 기구입니다. 장영실은 간의를 이용하여 서울의 위치가 북위 38°라는 것을 이미 알아 냈을 정도였습니다.

간의보다 더 늦게 만들어진 혼천의는 시간에 따른 천체의 위치를 정확히 관측할 수 있는 기구입니다. 장영실이 만든 혼천의는 세계 최초의 천체 관측 기구이며 서양보다 2백여 년이나 앞선 것입니다.

해는 왜 동쪽에서 뜰까요?

　땡이는 오늘 집 앞을 깨끗이 쓸었어요. 퇴근하시던 아빠가 이 모습을 보고 놀라셨지요.
　"아니, 네가 웬일이냐? 내일은 해가 서쪽에서 뜨려나 보다."
　이 말을 들은 땡이는 생각했어요.
　'해는 원래 지구가 스스로 도는 자전 운동을 하기 때문에 동쪽에서 뜬다고 배웠는데, 그럼 내일은 특별한 날인가?'
　고개를 갸우뚱하던 땡이는 얼른 부엌으로 갔어요.
　"엄마, 내일 해돋이 보게 아침 일찍 깨워 주세요."
　"그래, 알았다."
　엄마와 약속을 한 땡이는 쿨쿨 잠을 잤어요. 드디어 아침이 밝았어요. 해가 동쪽에서 뜨는 걸 확인한 땡이는 아빠에게 말했어요.
　"아빠, 해가 동쪽에서 떴는데요?"
　"그야, 당연하지."
　아빠가 아무렇지도 않게 대답을 하자 땡이는 화가 났어요. 그래서 '우리 아빠는 거짓말쟁이'라고 쓴 푯말을 들고 동네방네 들고 다녔어요. 동네에는 땡이 아빠가 거짓말쟁이라는 소문이 쫙 퍼졌죠.
　"이 녀석이, 정말!"
　아빠는 화가 나서 얼른 땡이에게서 푯말을 빼앗아 그 푯말로 땡이를 한 방에 해에게 보내 버렸어요. 그 날 땡이는 해한테 가서 많은 걸 배웠어요. 해가 동쪽에서 뜨는 이유는 태양이 동쪽에서 서쪽으로 움직이는 것처럼 보이는 일주 운동과 지구의 자전 운동 때문이란 걸 말이에요.

❖ 우주 속의 지구

쓰레기를 버리지 맙시다!

별들이 모여 불평을 늘어놓고 있었습니다.

"정말 먼지 때문에 못 살겠어. 내 허리띠 사이에 먼지 낀 것 좀 봐."

토성이 허리띠를 빙글빙글 돌리며 불평을 시작하자 다른 별들도 맞장구를 쳤습니다.

"맞아. 난 눈이 따가워 죽겠다니까."

"난 모래알 때문에 곱던 피부가 엉망이 됐어."

"이러다간 태양계가 온통 먼지 구덩이가 되겠어. 대책을 세워야 해요."

목성이 소리 높여 말했습니다.

"대체 누가 쓰레기를 버리고 먼지를 뿌려 대는 거지?"

별들은 서로를 의심하는 눈초리로 곁눈질했습니다.

"내 생각엔 지구 짓인 거 같아. 지구는 유일하게 생물체가 사는 곳이고, 그러니 당연히 쓰레기나 먼지가 많을 것 아니겠니?"

"그리고 사실 지구에서 내보낸 인공 위성들만 해도 지금 얼마나 거추장스럽니? 수명이 다하고 우주 공간에서 그냥 떠돌아다니고 있는 것도 얼마나 많은데."

"맞아, 태양계의 먼지는 모두 지구 때문이야."

별들은 모두 지구를 쏘아보았습니다.

"난 억울해. 나야말로 이 태양계에서 가장 아름다운 초록 별인데 먼지나 일으키는 별이라고 생각하다니. 언제나 나를 따라다니는 위성별인 달에게 물어 봐. 난 정말 깨끗한 별이라고."

"정말이에요. 지구 형님은 이 태양계에서 가장 아름답고 깨끗한 별이라고요."

달이 지구를 도와 말했습니다.

"치, 위성 없는 별은 어디 서러워서 살겠냐?"

"그러길래 평소에 마음을 착하게 썼으면 예순 개가 넘는 위성들 중에 널 따라다니는 위성이 하나 정도는 있었을 거 아냐?"

별들은 서로 핀잔을 주며 수다를 계속 떨었습니다.

"이러고 있을 게 아니라 빨리 쓰레기의 주범을 찾아야 해요. 우리는 아주 오랫동안 태양 할아버지를 따라 돌았잖아요. 그 동안 태양 할아버지 덕분에 빛을 내면서 행복하게 살아왔는데, 요즘은 참 속상해요. 이렇게 태양계가 지저분해졌던 적은 없었으니까요."

"맞아 맞아. 이 먼지들을 걷어 내려면 어서 태양계를 더럽히는 범인을 찾아야 해."

그 때 멀리서 아름다운 긴 꼬리를 흔들며 별 하나가 날아오고 있는 것이 보였습니다.

"저건 뭐지?"

"아, 저 녀석? 혜성이잖아."

빛나는 긴 꼬리를 흔들며 나타난 것은 혜성이었습니다.

"저 녀석 조심해야 해. 지구는 특히 더 그럴걸."

"그럼요. 지난번에 저 녀석이 지나가면서 얼마나 장난을 쳤는지, 나무들이 뽑히고 유리창이 다 깨지고 난리가 났다니까요. 그 땐 머리를 부딪치고 지나갔거든요."

"그런데 꼬리 하나는 정말 멋있다니깐."

"저 꼬리는 별것 아니야. 덩지만 컸지 진공 상태나 마찬가지라고. 무게도 태양 할아버지의 10억분의 1에서 다시 그것의 100만분의 1도 안 된대. 평상시에는 꼬리도 없어. 태양 할아버지 가까이 가야 꼬리가 생기고, 저 빛도 태양 할아버지의 빛을 반사해서 나오는 거야."
"흠, 그럼 정말 별것 아니군. 우리 같은 위대한 행성이 겨우 혜성 하나 때문에 시간 보낼 게 아니라 어서 먼지를 뿌리는 별이나 찾아 낼 방법을 생각하자고요."
별들이 그런 이야기를 하고 있을 때 혜성이 지나갔습니다. 그런데 이게 웬일입니까? 혜성이 지나가자마자 먼지와 모래 알들이 마구 쏟아져 내리기 시작한 것입니다.
"아이고, 눈 따가워."
"이게 도대체 어찌 된 일이야?"
별들이 재채기를 해 대자 혜성은 잠깐 돌아보며 미안하다는 듯이 말했습니다.
"아, 죄송해요. 제 꼬리가 가스와 먼지로 되어 있어서 어쩔 수 없이 먼지가 떨어져 내려요. 이해해 주세요."
혜성은 말을 끝내자마자 부리나케 도망쳐 버렸습니다.
"아니, 그럼 먼지를 뿌린 놈이 바로 저 혜성이었단 말야?"
"우린 그것도 모르고 딴 데서 찾았군."
"저놈을 어떻게 혼내 주지?"
별들이 한창 흥분해서 떠들고 있는데 잠자코 있던 태양 할아버지가 끼여들었습니다.
"너희들이 참아야지, 어떡하겠니."
"왜 우리가 참아야 해요? 저 녀석을 혼내 줘야지."

"너희들이 행성으로 탄생되었듯이 혜성도 혜성의 운명이란 것이 있는 거야. 혜성이 보기에는 아름답지만 실제론 가스와 먼지로만 이루어져 있어서 아무것도 아닌 것과 마찬가지야. 좋아서 몸에 먼지를 싣고 다니고 싶은 별이 어디 있겠니? 그러니까 너희들이 이해해."
"그럼 이 먼지는 어떡하고요?"
"참아야지 어떡해."
태양 할아버지는 별들을 달래 주었습니다. 그 때 갑자기 지구가 소리쳤습니다.
"아이고, 따가워."
"왜 그래?"
"저놈이 지나가면서 흘린 쓰레기가 유성이 되어서 마구 쏟아지고 있어요. 정말 못 참아. 다음에 한 번만 더 이러면 나도 가만히 있지 않을 거야."
"하하하, 아까 그 녀석은 76년 뒤에나 다시 올걸?"
태양 할아버지의 웃음소리가 태양계에 울려 퍼졌습니다.

쓰레기를 버리지 맙시다!

궁금증 해결

혜성이란 무엇일까요?

혜성이란 행성, 소행성 등과 함께 태양의 둘레를 도는 천체 중 하나입니다. 하지만 이를 몰랐던 옛날 사람들은 혜성이 나타난 후엔 반드시 재앙이 일어난다고 믿었습니다.

혜성은 둥근 머리 부분인 핵과 핵 뒤에 희미하게 퍼져 보이는 코마, 여러 갈래의 가스꼬리로 이루어져 있습니다.

혜성의 핵은 물이나 이산화탄소, 메탄, 암모니아 등이 우주의 낮은 온도에서 얼어붙어 만들어진 것입니다. 이 외에도 규소, 철, 마그네슘 등이 조금씩 들어 있습니다. 코마와 가스꼬리는 약한 가스나 작은 고체의 입자가 태양빛을 받아서 반짝이고 있는 것입니다. 이런 물질들은 태양을 계속해서 돌면서도 없어지지 않습니다.

대부분의 혜성들은 어둡고 작아서 망원경으로만 관찰이 가능하지만, 핼리 혜성과 몇몇 혜성은 눈으로 관찰할 정도로 크고 밝습니다. 특히 주기적으로 나타나는 혜성 중에 우리 눈으로 볼 수 있는 것은 핼리 혜성 하나뿐입니다.

놀라운 상식 백과

별자리는 어떻게 만들어졌을까요?

큰 강을 끼고 고대 문화를 발달시킨 곳에서는 주로 농사를 지었습니다. 이들에게 날씨는 아주 중요했습니다. 그래서 별과 달의 움직임이나 변화를 세심하게 관찰하게 되었죠. 별자리 이름은 맨 처음 강 주변의 양치기들에 의해 만들어졌습니다. 밤마다 양을 지키던 양치기들은 별들을 이어서 여러 모양을 만든 후 동물이나 악기, 가구의 이름을 붙였습니다. 신의 이름을 붙인 별자리는 그리스 시대에 만들어진 것이 대부분입니다.

달과 별은 어떻게 빛을 낼까요?

달은 스스로 빛을 낼 수 없습니다. 그러면 왜 밤 하늘의 달은 빛을 내고 있을까요? 그건 태양빛을 받기 때문입니다. 지구는 태양의 주변을 돌고 달은 지구의 주위를 돌고 있습니다. 그렇기 때문에 해가 지고 밤이 오더라도 달은 계속 태양의 빛을 받습니다. 하지만 지구의 그림자 때문에 계속 모양이 바뀌는 것입니다. 그렇다면 별은 왜 반짝이는 것일까요? 그건 공기의 흐름 때문입니다. 별은 지구를 둘러싸고 있는 공기의 흐름에 따라 반짝이는 것으로 보이기도 하고 가물거리는 것처럼 보이기도 하는 것입니다. 별은 스스로 빛을 낼 수는 있지만 스스로 빛을 조절할 수는 없습니다.

❖ 우주 속의 지구

암흑의 포식가

모든 것이 불타 버린 별 하나가 있었습니다.

빛이라곤 한 줄기도 들어오지 않고, 바람도 불지 않는 그곳엔 음산한 기운과 캄캄한 어둠만이 도사리고 있었습니다.

그 별에는 불에 타서 폐허가 되어 버린 성 한 채가 있었는데, 성 안에는 온몸이 새카맣게 불탄 성격 나쁜 암흑의 왕과 신하가 살고 있었습니다.

"아침이 됐는데 왜 아침상을 차려 오지 않는 거야? 게 아무도 없느냐?"

어둠을 향해 암흑의 왕이 벽력같이 소리를 지르자 잠시 후 신하가 헐레벌떡 뛰어왔습니다.

"아이고, 죄송합니다. 너무 어두워서 저는 아직도 밤인 줄 알고……."

"아직도 구분을 못 하느냐? 내가 아침을 달라고 하면 아침이고, 점심을 달라고 하면 점심이고, 저녁을 달라고 하면 저녁인 줄 알라고 하질 않았느냐? 어서 아침을 가져와."

"아침이라니요, 조금 전에 점심을 드셨지 않습니까?"

"이 불탄 콩알 같은 놈이 어디서 함부로 떠들어 대는 거야? 지금 내 성격 테스트하자는 거냐? 그래, 오랜만에 몸 좀 풀까?"

"제가 죽을 죄를 졌습니다. 금방 준비해서 올리겠습니다."

"오늘은 속이 좀 안 좋으니까 갓 잡은 우주선에다 고추장을 발라서 갖고 오도록 해라."

신하가 어둠 속으로 사라지자 암흑의 왕은 특별히 아끼는 망원경을 꺼내 들고 캄캄한 어둠을 향해 눈을 번뜩였습니다.

"흐흐흐. 저기 또 한 놈이 이리 오고 있군. 저놈은 좀 맛있겠는데. 반짝반짝 윤기가 돌고 통통하게 살도 쪘군. 그래, 옳지. 조금만 더 가까이 와."

망원경을 보고 있던 왕은 신이 났습니다. 근처를 지나가던 작은 행성 하나가 순식간에 불탄 별로 빨려들어오기 시작했기 때문입니다.

"야, 불탄 콩알! 어서 저 행성으로 맛있는 점심을 차려 오

너라."

아직 아침을 먹기도 전에 벌써 점심 준비를 시키는 암흑의 왕은 정말 포식가였습니다.

먹어도 먹어도 배가 고프기만 한 암흑의 왕은 불탄 별 근처에다 진공관을 설치해 놓고 무엇이든 지나가기만 하면 빨아들였습니다.

또 질보다는 양을 따지기 때문에 우주선이나 행성은 물론이고 빛까지도 순식간에 먹어 치웠습니다. 게다가 성격이 포악하기까지 해서 무엇이든 자기 앞에서 얼쩡거리는 걸 참지 못했습니다.

왕의 못된 행실 때문에 온 우주가 골머리를 앓았지만 도저히 어떻게 해 볼 도리가 없었습니다. 왕은 어둠 속에만 숨어 있을 뿐 절대로 정체를 드러내지 않았기 때문입니다.

그 암흑의 왕은 우주의 모든 별을 다 먹어 치우는 일에만 관심이 있었습니다.

"아무리 생각해도 저 태양 녀석, 마음에 들지 않는단 말이야. 언제 한번 날을 잡아 저놈을 이리 유인해서 통째로 먹어 버리고 말겠다."

"그것보다는 태양을 우리 편으로 끌어들이는 것이 좋지 않을까요?"

곁에서 듣고 있던 신하가 한 마디 거들었습니다.

"뭐라고? 도대체 저렇게 번쩍거리는 놈을 어떻게 우리처럼 까맣게 만든단 말이냐?"

"제가 듣기로는 태양의 지름이 0.9㎜가 되면 임금님처럼 암흑의 포식가가 될 수 있다고 하던데요."

"너도 뭘 좀 알긴 아는구나. 하지만 태양이 그렇게 작아지도록 기다리느니 차라리 내가 성격을 고치는 게 빠를걸. 우리 편 따윈 필요 없어. 난 혼자서도 충분히 강하니까. 곧 이 우주를 다 먹어 치울 날이 올 것이다. 우하하하, 우하하하."

암흑 왕의 웃음소리가 온 우주에 울려 퍼졌습니다. 소름이 끼치는 그 웃음소리에 우주의 모든 별들이 두려움으로 몸을 떨어야 했습니다.

"으, 저 끔찍한 웃음소리. 정말 못 들어 주겠군."

"도대체 저 암흑 왕은 어디에서 나타난 거지?"

"내가 듣기론 나이가 아주 많이 든 별이 차츰차츰 작아지다가 결국 보이지 않게 되었는데 바로 그 순간, 암흑 왕이 어둠 속에서 태어났다는 거야. 그러니까 완전히 어둠의 자식인 거지."

"하여튼 저 암흑 왕 때문에 걱정이야, 정말."

별들의 소곤거림을 멀리서 듣고 있던 암흑의 왕은 그 순간에도 막 잡아들인 혜성들을 먹으며, 소곤대는 별들을 향해 눈을 부라렸습니다.

"저, 저놈들. 지금은 함부로 입을 놀리고 있지만 언젠간 후회할 날이 올 거다. 에이, 기분도 나쁜데 뭐 색다른 디저트 같은 건 없느냐?"

"예……. 그게, 요즘은 길 잃은 우주선이나 떠돌이 별들만 간간히 잡힐 뿐, 워낙 소문이 많이 나선지 어떤 날은 아무것도 얼씬거리질 않습니다. 아무래도 앞으로 먹을 것을 구하기가 점점 더 어려워지지 않을까 싶은데요?"

"뭐라고? 그런 일이 일어나선 안 돼. 난 매일 미친 듯이 먹어 치워야 한단 말이다."

암흑 왕은 망원경을 꺼내 먹잇감을 찾기 시작했습니다.

"아니, 저 푸른 별은 도대체 뭐지?"

"푸른 별이라면 지구 말씀이십니까?"

"아, 저것이 바로 소문으로만 듣던 지구구나. 그 놈 참 아주 싱싱한 것이 정말 맛있겠다."

"지구는 우리가 빨아들이기에는 너무 멀리 있습니다요."

"음……, 그렇다면 우리가 이사를 갈 수밖에 없지. 연구를 좀 해야겠다."

지구를 한번 본 암흑의 왕은 지구가 먹고 싶어서 견딜 수가 없었습니다. 그래서 오늘도 불탄 별을 끌고 지구 가까이 오기 위해 애를 쓰고 있다니, 이것 참 큰일이군요.

궁금증 해결

블랙 홀이란 무엇일까요?

　블랙 홀은 항성이 진화하는 과정에서 계속 부서져서 밀도가 높아진 곳을 말합니다. 이 블랙 홀의 중심부는 별을 포함한 주변의 모든 것들을 강한 힘으로 빨아들입니다.

　블랙 홀이 이렇게 모든 것들을 빨아들이는 것은 바로 중력 때문입니다. 지구에 중력이 있기 때문에 우리가 하늘 위로 붕 뜨지 않고 걸어다닐 수 있는 것입니다. 하지만 이 중력이 너무 커지면 우리는 아마 엎드리거나 기어다니는 등 땅에 딱 붙어서 살아야 할 것입니다. 이보다 더 커진다면 땅 속으로 빨려 들어갈 것이고요.

　블랙 홀이 모든 것을 빨아들이는 것도 모두 이 중력 때문입니다. 밀도가 높은 블랙 홀의 중심부는 어마어마한 중력을 가지고 있어서 주변의 모든 입자들을 빨아들이는 것입니다. 심지어 빛의 입자까지 모두 빨아들이기 때문에 색깔도 검게 보입니다.

　만일 지구를 블랙 홀과 같은 밀도로 압축한다면 2cm 정도의 구슬로밖에는 보이지 않는다고 합니다. 만일 지구가 블랙 홀의 가까이에 간다면 아주 간단하게 빨려 들어가고 말 것입니다.

놀라운 상식 백과

블랙 홀의 내부는 어떻게 생겼을까요?

　블랙 홀의 내부를 아는 사람은 아무도 없습니다. 아무리 관측 기구가 발달해도 블랙 홀의 내부를 알아 내는 것은 쉽지 않습니다. 그것은 주변의 모든 것을 빨아들이는 블랙 홀의 힘 때문입니다. 만일 블랙 홀의 내부를 관측하겠다고 다가갔다간 전부 빨려 들어갈 것입니다.
　그렇다면 블랙 홀이 있다는 것은 어떻게 알 수 있을까요? 우주에는 중력이 갑자기 강해지는 지점이 있는데 그 주변이 바로 블랙 홀이 있는 곳이랍니다. 하지만 이렇게 짐작으로만 알아 낼 뿐 가까이 가서 블랙 홀을 살펴볼 수는 없다니 정말 안타까운 일입니다.

별똥별이 지구와 부딪치지 않는 이유

　별똥별은 하루에 약 8천만 개에서 1억 개 정도 떨어지지만 지구와 부딪치지는 않습니다. 그 이유는 무엇일까요? 별똥별은 인력 때문에 지구로 떨어지게 되는데, 대기권을 통과하면서 대부분 타서 없어지기 때문입니다. 별똥별이 탈 때는 밝은 빛을 내기도 하는데, 바로 이것이 우리 눈에 보이는 것입니다. 때로는 타지 않고 지구에 떨어지는 별똥별도 있습니다. 그런 별을 운석이라고 하는데, 지금까지 발견된 운석 중에서 가장 큰 것은 가로 3.2m, 세로 2.7m에 무게는 6만 kg이 넘는다고 합니다.

세계에서 가장 큰 섬과 폭포

　땡이는 친구 콩이와 세상 구경을 떠났어요.

　제일 먼저 가 본 곳은 북아메리카 대륙 동북쪽에 위치한 그린란드 섬이에요.

　"우아! 춥다."

　콩이는 두꺼운 옷으로 무장을 하고 땡이에게 말했어요.

　"정말로 춥긴 춥다."

　"그런데 이거 섬 맞아? 우리 나라의 열 배는 되는 것 같은데? 끝이 안 보여."

　콩이가 주위를 두리번거리며 말했어요.

　"그린란드는 세상에서 제일 큰 섬이야. 사실은 여러 개의 섬으로 이루어졌는데, 만년설 때문에 하나의 섬처럼 보이는 거야."

　땡이가 또박또박 설명을 했어요. 그러자 콩이는 입이 떡 벌어졌어요.

　"너는 어쩜 그렇게 아는 게 많니?"

　"이 정도야 기본이지. 그럼 너 세상에서 제일 큰 폭포는 어떤 것인 줄 알아?"

　땡이가 묻자 콩이는 알쏭달쏭한 표정을 지었어요.

　"그건 말이야, 남아메리카에 있는 이과수라는 폭포야. 이 폭포에서 떨어지는 물소리는 20km 밖까지 들린대."

　"그게 정말이니? 그럼 우리 그 폭포 보러 가자."

　콩이와 땡이는 이과수 폭포를 보러 남아메리카로 향했습니다.

❖ 우주 속의 지구

몽순이에게 친구가 생겼어요

유난히 얼굴이 너부데데한 몽순이는 오늘도 혼자서 밥을 먹고 혼자 집으로 돌아왔습니다.

"모두들 나만 따돌리잖아."

몽순이는 학교에 가기가 싫었습니다.

'다른 사람들보다 얼굴이 좀 큰 게 뭐가 나쁜 거야?'

몽순이는 점점 더 말이 없는 아이가 되어 갔습니다. 다른 친구들과 친해지려는 노력도 하지 않았습니다. 혼자가 된 몽순이의 유일한 즐거움은 꿈 여행이었습니다. 매일 밤 잠옷을 입고 나서 침대 위에 무릎을 꿇고 앉아 두 손을 모으고 기도를 했습니다.

"오늘도 재미있는 꿈을 꾸게 해 주세요."

그리고 몽순이는 기억 나는 꿈 이야기를 일기장에 꼬박꼬박 적어 놓았습니다. 그 날도 몽순이는 기도를 하고 잠자리에 들었습니다. 그런데 말은 우리와 똑같은데 목소리와 생김새가 다른 어떤 사람이 몽순이의 이름을 부르며 말을 거는 것이었습니다. 몽순이가 꿈인지 생시인지도 모르고 눈을 떴을 때 우주복을 입은 머리가 노란 소년이 서 있었습니다.

"안녕, 몽순아!"

"넌 누구니?"

"나는 인공 위성에서 널 늘 지켜 보다가 이렇게 찾아오게 되었어. 너무 외로워하는 것 같아서 말야. 사람들이 띄운 통신 위성이라는 건 말야, 아무리 높은 우주에 있어도 지구에서 어떤 일이 일어나는지 다 알 수가 있거든."

"굉장히 멀리 있다고 하던데?"

"멀리 있지. 지구 주위에는 많은 행성들도 있지만 또 여러 개의 인공 위성들도 있단다. 난 그것들 중에서 라디오나 텔레비전을 책임지는 통신 위성이야. 북태평양 상공에서 돌고 있어. 언제나 같은 자리를 말야. 아, 참! 나는 콤스터 1호에 살아. 미국에서 만들어졌어."

"미국에는 누구를 따돌리거나 하는 일은 없지?"

"몽순아, 네가 먼저 마음을 열어 보면 어떻겠니? 난 내가 원한다고 해서 언제나 너에게 올 수 있는 건 아냐. 나는 우주를 항상 똑같은 궤도로 떠다니고 있어. 친구를 사귈 수도 말을 걸 사람도 없어. 하지만 난 언제든지 누군가의 친구가 될 준비는 되어 있어."
"가고 싶은 곳으로 가면 안 돼?"
"그럴 수는 없어. 내가 살고 있는 인공 위성은 멀리 날아가려는 힘이 있어. 그 힘이 세지면 나는 계속 지구 밖으로 아주 멀리 우주 저 쪽으로 날아가 버리게 되지. 근데 인공 위성에는 반대로 지구를 잡아당기는 힘도 있거든. 이 두 힘이 균형을 이루는 곳에 과학자들이 인공 위성을 쏘아올려서 날아가 버리지도 않고 땅에 떨어지지도 않는 거야. 나는 작은 우주선을 얻어서 특별히 내려온 거야. 이런 일은 다시 오지 않아."
"그럼 늘 같은 자리만 맴도는구나. 나처럼 심심하겠다."
꿈에서 다시 만났을 때 몽순이는 콤스터에게 말했습니다.
"난 정말 아무하고도 친해지고 싶지 않아."
"정말? 나랑도 친해지고 싶지 않다는 거야?"
몽순이는 말없이 고개를 끄덕거렸습니다.
"난 얼굴도 예쁘지도 않고 너무 커. 나도 그런 것쯤은 알고 있어. 네가 지금까지 나에게 베풀어 준 친절은 고마워. 하지만 넌 나와 같이 학교를 다니지도 않고 나처럼 사람도 아니잖아."

"몽순아, 그렇다고 친구가 될 수 없다는 건 말이 안 돼. 친구가 되고 안 되고는 마음의 문제 아니겠니?"
몽순이도 할 말이 없었습니다.
"네가 먼저 널 싫어하리라고 생각하고 아무와도 친해지려고 노력하지 않잖아."
"어떻게, 무슨 노력을 하라는 거니?"
"너에겐 아무에게도 들려 주지 않은 재미있는 꿈 이야기가 있지? 그걸 친구들에게 아니, 모두가 듣고 웃을 수 있게 나눠 주는 거야."
"그걸 나눠 줄 순 없어. 그건 내게 아주 소중한 거야."
"누군가에게 나눠 줄 땐 자기가 가장 소중히 여기는 걸 주

는 게 진짜야. 자신에게 별 쓸모가 없는 걸 주는 건 진짜 친구라고 할 수 없어."

"제일 아끼는 걸 나눠야 한다고?"

"몽순아, 난 널 믿어!"

콤스터가 떠나고 나서 몽순이는 침대에서 부스스 일어나 앉았습니다. 잠은 아직 덜 깼지만 콤스터의 이야기만은 생생하게 머리에 떠올랐습니다. 하루 종일, 친구가 된다는 것에 대해 많은 생각을 한 몽순이는 드디어 결정을 내렸습니다.

'인공 위성에 사는 아저씨가 날 지켜 보고 계시겠지?'

다음 날 오전에 몽순이는 지금까지 아무도 보여 주지 않았던 꿈 일기장을 펼쳐 이야기를 하나씩 접었습니다. 그리고 서랍에 넣어 두었던 풍선을 크게 불어 그 속에 꿈 이야기를 하나씩 담았습니다. 몽순이의 손에는 꿈 이야기가 든 오색 풍선이 들려 있었습니다.

반 친구들을 찾아가 하나씩 나누어 줄 생각입니다. 방문을 나서고 대문을 나서서 골목을 걸었습니다. 거리에는 어느 새 새하얀 눈이 송이송이 내리고 있었습니다. 그늘이 가시지 않던 몽순이의 얼굴에도 새하얀 미소가 피어 올랐습니다. 아무에게도 열리지 않았던 마음이 조금씩 열리는 것 같았습니다.

콤스터는 그런 몽순이를 내려다보며 커다란 타원형 궤도를 천천히 돌고 있었습니다.

궁금증 해결

인공 위성은 왜 떨어지지 않나요?

인공 위성은 지구의 주변을 뱅뱅 돌면서 여러 가지 일을 합니다. 이 인공 위성이 떨어지지 않는 이유는 바로 지구의 인력 때문입니다. 인력이란 무엇인가를 끌어당기는 힘을 말합니다.

지구는 표면의 모든 것들을 바짝 끌어당기고 있습니다. 그런가 하면 인공 위성은 지구로부터 멀리 떨어지려고 하지요. 그 이유는 인공 위성이 쏘아올려질 때 받은 힘과 우주의 여러 가지 힘 때문입니다.

하지만 인공 위성은 지구권을 절대 벗어나지 않습니다. 지구의 인력과 우주의 힘이 서로 팽팽하게 인공 위성을 잡아당기고 있기 때문이죠. 인공 위성이 지구로도 우주로도 떨어져 나가지 않고 안정된 궤도를 돌 수 있는 것도 그 덕분이고요.

이것은 지구가 태양의 주변을 벗어나지 않고 도는 것이나 달이 지구의 주변을 벗어나지 않고 도는 것과 똑같습니다. 만일 태양이 지구를 당기지 않거나 지구가 달을 당기지 않는다면 아마 지구와 달은 우주에 둥둥 뜬 별이 되고 말 것입니다.

놀라운 상식 백과

우주선에 탄 사람의 자세는?

우주선에 탄 사람은 누운 자세로 있습니다. 갑작스럽게 빠른 속도로 우주선이 출발하면 사람의 몸에 엄청난 중력이 작용하기 때문이죠. 보통 우주선에는 우리가 지구에서 받는 중력의 3.1배의 중력이 작용한다고 합니다.

미국 최초로 우주 여행에 성공한 머큐리 우주선의 경우 지구에서 걸어 다닐 때보다 13배나 큰 중력을 받았다고 합니다. 만일 서 있는 사람이 머리에서부터 이 중력을 받았다면 몸에 이상이 생겼을 것입니다.

인공 위성의 종류

인공 위성을 사용 목적에 따라서 나누면 여섯 종류가 넘습니다. 날씨를 관측하기 위한 기상 위성, 전화나 통신을 자유롭게 하기 위한 통신 위성, 자원을 알아보는 자원 탐사 위성, 과학적인 연구에 사용되는 과학 위성, 우주 탐사를 목적으로 한 탐사 위성, 군사적인 목적으로 쓰이는 군사 위성 등이지요.

국제 전화를 할 수 있는 것이나 외국에서 벌어지는 큰 대회를 생중계로 볼 수 있는 것은 바로 통신 위성 덕분이고, 화성이나 목성 등 여러 별의 모양을 알 수 있는 것은 탐사 위성 덕분입니다.

❖ 우주 속의 지구

놀라운 이야기

아주 오랜 옛날, 그러니까 지구를 지배하던 공룡들이 어느 날 갑자기 사라지고 난 뒤에 우리 조상이 잠시 지구에 들른 적이 있었대요.

그 때의 지구는 지금과는 달리 많이 황량했을 거예요. 그 당시에 내가 있었더라면 지금의 지구와 비교해 볼 수 있었을 텐데요.

어쨌든 6,500만 년이 지난 뒤 내가 지구에 오게 된 건 정말 우연한 일이에요.

나는 애초에 지구에 오려는 것이 아니었어요. 지구로부터 210만 광년이나 떨어진 안드로메다 은하의 작은 별에서 출발하여 15만 광년 떨어진 마젤란 은하를 거쳐 지구가 있는 우리 은하에 도착했어요.

우리 은하엔 별들이 참 많더군요. 지름 약 10만 광년에 이르는 둥근 모양 안에 태양과 같은 별이 2,000억 개 정도나 있었습니다.

그런데 어떻게 지구를 찾았느냐고요?

물론 지구를 찾기는 쉽지가 않았어요. 우주에는 정말 셀 수 없이 수많은 별들이 있으니까요.

하지만 땅의 모양을 그린 지도가 있듯이 우주에도 별의 방향과 위치를 나타내 주는 지도가 있지요.

밤 하늘에 반짝이는 별들 중에는 항상 같은 자리에서 빛나고 있는 별이 있습니다. 북극성처럼 말이에요.

지구 사람들은 이 북극성을 중심으로 별자리를 만들었더군요. 우리도 별들의 위치를 잘 찾을 수 있도록 지도를 만들었지요.

하지만 내가 이 지도를 보고 지구를 찾은 건 아니에요. 지구는 우리가 만든 지도에 없었어요.

우리 지도에는 스스로 빛을 내는 항성만 표시되어 있거든요. 지구에서 제일 가까운 항성은 1억 5,000만㎞ 떨어진 태양이었지요.

처음 내가 찾아간 곳은 바로 이 태양이었어요. 그런데 태양은 너무나 뜨겁더군요. 얼마나 뜨거운지 주변의 온도가

약 6,000도나 되었어요. 그러니 내가 어떻게 태양에 내릴 수가 있었겠어요. 나뿐만 아니라 누구라도 태양에 가까이 가진 못했을 거예요.

할 수 없이 나는 우주선의 방향을 바꾸어 스스로 빛을 내지 못하고, 태양빛을 반사해 빛나는 태양계의 행성을 찾아 나섰어요.

맨 처음 나타난 행성은 수성이었어요. 수성은 태양계에서 두 번째로 작았지요. 그 다음은 금성이었어요. 지구에서는 이 별이 태양, 달 다음으로 밝기 때문에 샛별이라고도 부르더군요.

금성 다음엔 지구, 지구 다음엔 화성이었죠. 화성은 지구와 가장 가까운 행성이며 붉은색을 띠고 있었어요.

화성 다음에 나타난 목성은 아주 컸어요. 태양계에서 가장 큰 행성인 것 같아요. 그런데 크기에 비해 어찌나 빨리 도는지 하루가 고작 열 시간 정도였어요.

커다란 띠를 두른 토성이 그 다음이었고, 천왕성, 해왕성이 그 뒤를 따라왔지요,

나는 잘못해서 지구를 지나쳤어요. 그런데 태양계에서 생물들이 살기에 알맞은 행성은 지구인 것 같았어요. 지구는 푸르고 대기권 안에는 바다와 땅이 있고, 물과 공기가 있어 생물체들이 살 수 있는 유일한 행성이거든요.

그래서 나는 한 번 지나친 곳은 다시 가지 않는다는 신조를 깨고 지구에 왔어요.

지구에 와 보고 사실 나는 무척이나 놀랐어요. 나도 모르고 있었던 일이지만, 지구에는 내가 타고 온 우주선과 같은 것들이 엄청나게 많이 살고 있었기 때문이었죠.

사람들은 그 우주선을 바퀴벌레라고 하더군요. 하지만 사실은 그게 아니죠. 바퀴벌레의 껍데기는 우주선이고 그 안에는 우리 안드로메다 외계인들이 앉아서 조종을 하고 있는 거지요.

아마도 6,500만 년 전에 왔던 우리의 조상들이 이 우주선

만드는 법을 가르쳐 주었나 봐요.

정말 놀라운 이야기가 아닌가요?

뱅글뱅글 도는 별들…….

이번에 경험한 태양계 여행은 영원히 잊지 못할 거예요. 물론 가장 기억에 남는 곳은 역시 지구랍니다.

언제든 내가 지구에 다시 오더라도 지금처럼 좋은 기억으로 남았으면 해요.

내가 또 여행을 하게 된다면요.

 궁금증 해결

태양계란 무엇일까요?

　태양계란 태양이 끌어당기는 힘(인력)을 중심으로 해서 움직이는 우주를 통틀어 이르는 말입니다. 태양계에는 스스로 빛을 내는 태양과 수성, 금성, 지구, 화성, 목성, 토성, 천왕성, 해왕성의 여덟 개 행성이 있지요. 또한 화성과 목성이 움직이는 길 사이에 퍼져 있는 3,000개를 비롯하여 총 10만 개 정도에 이르는 소행성들도 있습니다.

　태양계의 반지름은 1만 AU의 둥근 공 모양으로 생각되는데, 1AU는 태양과 지구의 평균 거리로 1억 4,960만 km이지요. 태양계의 화학 성분은 지구, 달, 운석의 자료뿐만 아니라 태양과 행성의 빛의 스펙트럼 분석을 바탕으로 결정합니다.

　태양계가 언제 어떻게 만들어졌는가에 대해서는 연구를 계속하고 있는데, 나이는 대략 45억 5,000만 년 정도일 것으로 추정하고 있습니다.

태양계의 비애

태양계가 인류에게 알려진 것은 그리 오래 된 일이 아닙니다. 그 전까지만 하더라도 우주가 지구를 중심으로 돌고 있다고 생각했으므로 태양계라는 말이 나올 수가 없었습니다.

다시 말해 태양계는 코페르니쿠스의 지동설이 나온 이후에야 알려졌어요. 태양계의 나이가 45억 5,000만 년 이상이라고 볼 때 태양계는 인간에게 정말 오랜 시간을 외면당했던 것입니다.

태양의 크기

태양계의 중심에 있는 태양은 둥근 형태로 뜨겁고 커다란 기체덩어리입니다. 태양의 지름은 약 140만 km로 지구 지름의 약 109배이며, 부피는 지구의 약 130만 배입니다.

질량은 지구의 약 33만 배로, 태양계의 전 행성을 합친 것의 750배나 됩니다.

우리 은하에는 태양과 같은 별들이 무수히 많습니다.

영어와 한자를 익히며 생각이 쑤욱~

꼭 읽어야 할 동화 모음집

초등학생에게 꼭 필요한 22가지 지혜로운 명언 이야기

아인슈타인, 소크라테스, 이순신, 루소, 나폴레옹 등 세상을 움직인 사람들의 특별하고 다양한 체험과 깊은 성찰이 빚어낸 명언으로 구성한 지혜 동화!

초등학생이 꼭 읽어야 할 23가지 아름다운 꽃 이야기

며느리밥풀꽃, 얼레지, 금강초롱, 무궁화, 제비꽃, 코스모스, 해바라기, 채송화……가슴에 스며드는 아름다운 감성 동화!

초·중학생이 꼭 읽어야 할 28가지 베리베리굿 아이디어 이야기

합격 사과, 청바지, 코카콜라, 스타벅스, 미니스커트, 밴드에이드, 안전 면도기… 실제 에피소드로 엮은, 상상력·창의력에 불을 붙이는 사고력 동화!

오싹오싹 15가지 귀신&괴물 이야기

구미호, 불가사리, 처녀귀신, 달걀귀신, 흡혈귀, 투명 인간, 강시, 늑대 인간, 마녀, 도깨비 등 우리나라 및 다른 나라 귀신과 괴물 총집합!

초등학생이 꼭 읽어야 할 35가지 특별한 곤충 이야기

폭탄먼지벌레, 베짱이, 쥐벼룩, 여치, 무당벌레, 매미, 사마귀, 모기, 빈대, 쇠똥구리, 잠자리, 바퀴, 송장벌레, 병졸개미……오싹오싹, 하하호호 곤충 나라!

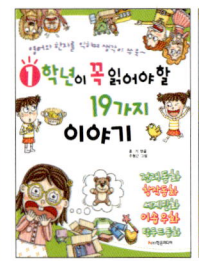     

▲ 1학년이 꼭 읽어야 할 19가지 이야기
▲ 2학년이 꼭 읽어야 할 20가지 이야기
▲ 3학년이 꼭 읽어야 할 19가지 이야기
▲ 4학년이 꼭 읽어야 할 18가지 이야기
▲ 5학년이 꼭 읽어야 할 19가지 이야기
▲ 6학년이 꼭 읽어야 할 18가지 이야기